Andrea Poßberg
Corinna Böckmann

DIE GRÜNEN PIRATEN

Giftgefahr unter Wasser

DIE GRÜNEN PIRATEN

Pauline Behring, genannt Pauli, ist 10 Jahre alt, ziemlich selbständig und behält immer den Durchblick. Wegen ihrer Eltern, die übrigens stinkreich sind, muss sie ständig zum Ballett- und Klavierunterricht. Da geht sie auch brav hin, damit sie sonst machen kann, was sie will.

Pauline

Lennart

Lennart Vogel ist ein ziemlicher Faxenmacher und Draufgänger. Besonders mit seinem BMX-Rad kommt er sich ziemlich cool vor. Seit zwei Jahren ist er Janniks Bruder. Seine Mutter und Janniks Vater haben geheiratet, als die Jungs sieben waren und weil Lennarts Mutter aus Vietnam kommt, sehen die Brüder ziemlich verschieden aus. Sie streiten sich zwar oft, aber wenn es drauf ankommt, halten sie zusammen.

Flora

Flora Sonnenfeld ist Bens Schwester und mit 8 Jahren die Jüngste der grünen Piraten. Sie hat viele gute Ideen und kann prima zeichnen und malen. Obwohl sie ganz schön frech und vorwitzig ist, schläft sie nachts mit Licht, weil es ihr im Dunkeln zu dunkel ist, vor allem wenn ihre Mutter mal wieder Nachtdienst im Krankenhaus hat und sie mit ihrem Bruder alleine ist.

Jannik

Jannik Ritter wird bestimmt mal Tierarzt oder Zoodirektor. Er liebt Tiere und seine Ratte Fiona ist immer dabei. Beide haben eine Vorliebe für Kekse und überhaupt alles Essbare. Sport ist nicht so sein Ding – viel zu anstrengend!

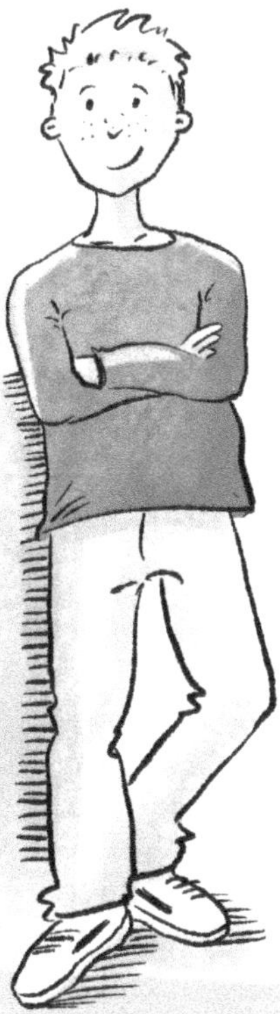

Ben

Ben Sonnenfeld ist der beste Stürmer der Bieberheimer E-Jugend-Fußballmannschaft. Schule ist nicht gerade seine Stärke, darum bekommt er Förderunterricht. Nur in Sport hat er immer eine Eins. Auf Ben kann man sich verlassen, wenn einer Hilfe braucht, ist er sofort zur Stelle.

Südpol

Das Buch wurde auf FSC-zertifiziertem Papier gedruckt und leistet damit einen aktiven Beitrag zur nachhaltigen Bewirtschaftung der Wälder rund um den Globus.

ISBN 978-3-96594-156-4

1. Auflage Februar 2023
Erweiterte Neuauflage

Umschlaggestaltung und Illustrationen: Corinna Böckmann

Druck und Verarbeitung: GGP Media GmbH, Pößneck Printed in Germany

www.suedpol-verlag.de

CERTIFIED cradle to cradle BRONZE

MIX Papier aus verantwortungsvollen Quellen FSC www.fsc.org FSC® C014496

Cradle to Cradle Certified® ist eine eingetragene Marke des Cradle to Cradle Products Innovation Institute.

Inhalt

Giftige Strömung

»Achtung! Piraten!«, brüllte Ben, sprang auf und brachte das kleine Schlauchboot damit gehörig zum Schaukeln. Er schirmte seine Augen mit der Hand vor der strahlenden Sommersonne ab und deutete auf einen Hubschrauber, der in weiter Entfernung an ihnen vorbeiflog.

»Bist du völlig übergeschnappt?!«, rief Flora und zerrte ihren großen Bruder an der Schwimmweste herunter. »Setz dich wieder hin! Sonst kentern wir noch!«

Ben ließ sich auf seinen Platz zurückplumpsen. »Jetzt paddeln wir schon seit zwei Stunden hier durch die Gegend, für meinen Geschmack könnte mal irgendwas passieren …«

«Was hast du denn erwartet?«, fragte Pauline lachend. »Das hier ist der Elsbach und nicht Loch Ness!«

»Habt ihr denn noch nie von Elsie gehört, dem berühmten Ungeheuer vom Elsbach?«, rief Lennart mit düsterer Stimme und rollte dabei mit den Augen. »In den Tiefen des Flusses treibt es sein Unwesen auf der Jagd nach Frischfleisch!«

Flora kicherte. »Und am liebsten frisst es Jungs mit langen schwarzen Haaren.«

Lennart pustete sich die Haare aus dem Gesicht. »Als Vorspeise vielleicht. Für das riesige Elsbach-Monster sind wir doch alle nur ein Happs, Schlauchboot mit Belag sozusagen.« Die pechschwarzen Haare und sein asiatisches Aussehen hatte Lennart von seiner Mutter Linh Ulrike geerbt. Vor drei Jahren hatte sie Janniks Vater geheiratet und seitdem waren die beiden Patchwork-Brüder unzertrennlich, konnten sich aber auch ganz prima streiten.

Jannik grinste. »Und wenn wir dich als Opfergabe ins Wasser werfen? Vielleicht lässt uns das Monster dann in Ruhe.«

Lennart drohte ihm lachend mit seinem Paddel. »Ich warne dich!«

Die Freunde Ben, Flora, Pauline, Jannik und Lennart hatten sich von ihrer Bekannten Miranda Mühlberg ein Schlauchboot geliehen. Miranda, eine ältere Frau, lebte mit ihrem Hund Campino auf einem Hausboot im alten Hafen und allein deshalb galt sie bei vielen Einwohnern Bieberheims schon als verschroben. Die Kinder dagegen verstanden sich prächtig mit ihr.

Heute wollten sie auf einer abenteuerlichen Bootstour den Elsbach erkunden, einen kleinen Seitenarm der Wasel. Über die breitere Wasel gelangte man auch zum alten Hafen, wo Mirandas Hausboot vor Anker lag. Aber von der großen Wildnis war bis jetzt nicht viel zu sehen. Statt eines natürlichen Flussufers mit Bäumen, Gestrüpp und Erde, wo sich die Tiere Höhlen und Nistplätze bauen konnten, waren die Kinder schon seit mehreren hundert Metern an einer grauen Betonmauer vorbeigepaddelt.

Und dann noch gegen die Strömung!, wie Jannik stöhnend bemerkt hatte.

Langsam taten den Kindern die Arme weh.

»So, Leute, bitte gleichmäßig paddeln, sonst bringt ihr das Boot noch zum Kentern«, rief Ben und tauchte das Ruder auf seiner Seite des Schlauchbootes ins Wasser. »Also los, auf drei: eins, zwei –«

»Och nö! Ich brauch jetzt wirklich mal 'ne Pause.« Jannik legte sein Ruder ins Boot und gähnte. Fiona, Janniks kleine weiße Ratte, streckte ihr Köpfchen aus seiner Hemdtasche und flitzte dann über seinen Arm. »Na, wie findest du unsere kleine Paddeltour?« Die Ratte hob witternd ihr Näschen, aber der Anblick der Wassermassen um sie herum schien ihr nicht sonderlich zu gefallen, denn sie verschwand schnell wieder in seiner Jackentasche.

»Ihre Begeisterung hält sich ziemlich in Grenzen, oder?!«, lachte Pauline. »Also, ich bin jedenfalls auch für eine Pause!« Sie lehnte sich zurück und ließ ihre Hand durchs Wasser gleiten. Mit geschlossenen Augen genoss sie die letzten warmen Sonnenstrahlen.

»Ach, ihr seid vielleicht Weicheier«, maulte Ben. »Wenn

wir nicht weiterrudern, treiben wir wieder zurück. Oder wir müssen das Boot am Ufer festbinden.«

»Gute Idee.« Lennart schnappte sich das Seil, das am Bug des Schlauchbootes hing. »Ruder mal näher ans Ufer, Ben, dann suche ich eine Stelle, wo wir festmachen können.«

Jannik beobachtete seinen Bruder belustigt, der wilde Verrenkungen machte, um einen Ast zu erwischen, der übers Wasser ragte. »Was soll das denn sein? Hip-Hop für Anfänger?!«

Lennart streckte ihm als Antwort die Zunge raus.

Plötzlich schrie Pauline laut auf, riss ihre Hand aus dem Wasser und schüttelte sie angeekelt. »Iiiih! Was ist das?! Da war was an meiner Hand!«

»Wahrscheinlich doch das Monster vom Elsbach ... Uhääää«, machte Lennart grinsend.

Aber Pauline beachtete ihn gar nicht. »Guckt euch das an«, sagte sie heiser. »Da sind ja lauter tote Fische!«

»Mein Gott, das sind ja Hunderte!« Flora war völlig fassungslos. »Wie schrecklich! Und da hinten sind noch mehr!«

»Die sehen wirklich ziemlich ... tot aus«, stellte Ben trocken fest und fuhr sich durch die blonden Stoppelhaare. »Was ist hier bloß passiert?«

Lennart hatte inzwischen das Boot an einen armdicken, stabilen Ast gebunden und so dümpelte es träge in den Wellen, während immer mehr tote Fische mit den Bäuchen nach oben an ihnen vorbeitrieben. Stumm vor Entsetzen hockten die Freunde im Schlauchboot und starrten aufs Wasser.

»Wir müssen herausfinden, wer das war!«, keuchte Jannik.

Flora nickte entschlossen. »Genau, das ist ein Fall für die Grünen Piraten!«

Die Grünen Piraten – das war der Name ihrer Bande. So nannten sie sich, seit sie einem Verbrecher auf die Spur gekommen waren, der mit Holzschutzmitteln fast ein ganzes Naturschutzgebiet vergiftet hätte.*

Die Freunde sahen sich um. Eine direkte Ursache war auf den ersten Blick nicht zu erkennen. Das Wasser des Elsbachs war zwar nicht besonders klar, aber es waren auch keine verdächtigen Lachen auf der Oberfläche zu sehen. Auf den angrenzenden Feldern ratterte ein Trecker vorbei und ab und zu waren ihnen Kanufahrer auf ihrer Paddeltour begegnet. Aber die hatten wohl kaum etwas mit den toten Fischen zu tun. Was war hier nur in den Fluss gekippt worden?!

Noch immer strömten Fischleichen auf sie zu. Flora zuckte zusammen, als ein Kadaver gegen das Boot prallte. Einen Augenblick lang betrachtete sie den hellgrauen Leib mit den orangen Flossen angeekelt, aber dann zerrte sie eine Regenjacke aus ihrem Rucksack, stülpte sie sich über die Hand und langte ins Wasser. Sie griff nach dem glitschigen Fisch und wickelte ihn schnell in die Jacke ein.

Ihre Freunde starrten sie fassungslos an. »Bist du verrückt geworden, Flora? Was willst du mit dem toten Fisch?« Ben nahm seiner Schwester das schlabberige Paket aus den Händen und hielt es mit ausgestreckten Armen weit von sich.

»Der ist für Miranda«, sagte Flora. »Vielleicht kann sie feststellen, woran er gestorben ist.«

** siehe Band 1: Die Grünen Piraten – Jagd auf die Müllmafia*

Lennart nickte anerkennend. »Mensch Flora, du bist ja fast so schlau wie ich. Klar, Miranda kann ihn in ihrem Labor mal unter die Lupe nehmen.«

Miranda hatte sich auf ihrem Hausboot ein Laboratorium eingerichtet, in dem sie chemische Experimente vornahm, von denen die Kinder allerdings nicht so genau wussten, was es damit auf sich hatte. Aber ihre Freundin hatte ihnen mit ihren Analysen schon oft weiterhelfen können.

»Also los, lasst uns zu Miranda zurückfahren. Wenn sie den Fisch untersucht hat, dann wissen wir mehr!« Pauline knotete das Seil los und warf es ins Boot. Sofort setzte sich das Schlauchboot mit der Strömung in Bewegung.

Lennart zog sein Handy hervor und machte ein paar Fotos von dem riesigen Haufen toter Fische, der langsam weiter flussabwärts trieb.

»Am besten nehmen wir noch eine Wasserprobe mit, die kann Miranda dann auch gleich analysieren.« Kurzerhand leerte Pauline ihre Wasserflasche mit einem Schluck aus und wollte sie schon ins Wasser tauchen, als Lennart ihren Arm festhielt.

»Warte, wer weiß, was das für eine Giftbrühe ist. Die Fische sind bestimmt nicht an einer Überdosis Vitamine gestorben.«

»Du hast recht, gib mir mal das Seil rüber, Ben.«

Die Kinder sahen gespannt zu, wie Pauline das Seil um

die Flasche knotete, sie neben dem Boot ins Wasser gleiten ließ und wenig später wieder herauszog. Kritisch beäugten sie den Inhalt. Zahlreiche winzige grüne und graue Schwebteilchen schaukelten im trüben Wasser der Flasche.

»Hmm, sieht irgendwie ganz normal aus.«

»Das ist ja das Schlimme«, sagte Jannik. »Gift kann man meistens nicht sehen.«

»So, jetzt lass mich mal ans Ruder!« Lennart stupste seinen Bruder beiseite.

»He, spinnst du?!«, fuhr Jannik ihn an. »Flussabwärts ist einfach. Das kann ich auch.« Aber er rückte trotzdem zur Seite und gab seinem Bruder das Paddel. Nicht ganz ohne Hintergedanken, denn er nutzte die Gelegenheit und machte sich über den Proviant her.

Mit der Strömung ging es jetzt tatsächlich viel schneller. Sie brauchten nur ein paar Paddelschläge und schon kam das Schlauchboot mächtig in Fahrt. Der Weg zurück zur Mündung dauerte so gerade mal eine halbe Stunde. Dann lag die Wasel vor ihnen. Der Fluss war fast so breit wie zwei Fußballfelder und in der Mitte fuhren große Transportschiffe. Die Kinder hielten sich dicht am Ufer, denn jetzt mussten sie die Wasel noch ein Stück stromaufwärts fahren, bis sie zum alten Hafen kamen, in dem Mirandas Hausboot vertäut war.

Als die Hafeneinfahrt schon in Sichtweite war, stöhnte Lennart. »So, jetzt ist mal wieder jemand anders dran. Jannik?«

Sein Bruder tippte sich vielsagend an die Stirn. Sprechen konnte er gerade nicht, er hatte den Mund noch voller Apfelchips.

»Gib mir das Ruder«, sagte Pauline und stand auf. »Ben, lass mich mal vorbei.« Sie balancierte über den schwankenden Schlauchbootboden zu Lennart hinüber.

Plötzlich ertönte ein lautes Knattern und ein kleines weißes Motorboot mit blaugrünen Streifen an der Seite kam aus der Hafeneinfahrt auf sie zugeschossen.

Pauline erstarrte mitten in der Bewegung »He, was soll das?! Sehen die uns nicht?!«

»Die halten direkt auf uns zu!« Jannik fuchtelte wild mit den Armen über dem Kopf. »Stopp! Anhalten!«

Drohbriefe

Der Mann am Steuer des Motorbootes hatte eine schwarze Schirmmütze tief ins Gesicht gezogen und darüber noch eine Kapuze festgezurrt – kein Wunder, dass der nichts sehen konnte!

»HALLO?!«, brüllte Ben aus Leibeskräften und schwenkte sein Paddel durch die Luft. »Abdrehen!«

Das Motorboot steuerte immer noch geradewegs und ungebremst auf sie zu. Es lagen nur noch rund fünfzig Meter zwischen ihm und dem kleinen Schlauchboot!

»Haltet euch fest!«, schrie Lennart und griff nach Flora und seinem Bruder, die neben ihm saßen. Jannik fuhr mit der Hand in seine Tasche und drückte Fiona an sich.

Im letzten Moment machte das Motorboot einen kleinen Schlenker zur Seite und raste in halsbrecherischem Tempo an ihnen vorbei.

Pauline ließ erleichtert das Paddel sinken, aber da erfasste eine große Bugwelle das kleine Schlauchboot und warf es wild hin und her.

»Passt auf!«, brüllte Ben und klammerte sich an einen

Tragegriff. Aber Pauline hatte keine Chance! Sie versuchte noch, nach Bens Schwimmweste zu greifen, doch dann verlor sie das Gleichgewicht und stürzte mit einem lauten Aufschrei ins Wasser.

»Pauli!«, schrie Flora. »Los, wir müssen sie rausholen! Schnell!«

Prustend tauchte Pauline direkt vor ihnen wieder auf. Ihre orange Rettungsweste ließ sie wie eine leuchtende Boje auf den Wellen tanzen.

»Ihr beiden bleibt auf dieser Seite und Lennart und ich ziehen sie auf der anderen ins Boot«, kommandierte Ben. »Wir müssen ja jetzt nicht alle ins Wasser fallen.« Mit Lennarts Hilfe zog Ben die tropfnasse Pauline zurück an Bord.

Pauline hustete und spuckte und schüttelte die langen, nassen Haare. »Igitt, jetzt hab ich das verseuchte Wasser nicht bloß an den Fingern, sondern gleich überall! Na prima! Wenn mir morgen die Haare ausgefallen sind, weiß ich wenigstens, woher es kommt.« Sie lächelte gequält.

»Was für ein Vollidiot!«, schimpfte Flora. »Am besten bringen wir dich sofort nach Hause, damit du schnell unter die Dusche kannst, um das verdreckte Wasser abzuspülen.«

»Keine Sorge«, sagte Lennart beschwichtigend, »hier in der Wasel ist bestimmt kein vergiftetes Wasser. Das Wasser vom Elsbach fließt doch stromabwärts und wir sind in die entgegengesetzte Richtung gerudert.«

Das beruhigte Pauline ein bisschen. »Dann auf zu Miranda«, sagte sie und grinste tapfer. »Vielleicht hat sie etwas Trockenes zum Anziehen für mich.«

Flora kicherte. »Das sieht bestimmt prima aus, Pauli.« Sie stellte sich ihre Freundin in einem von Mirandas großen Wollpullis vor. »Wollkleid ist ja modern.«

»Leute, was war das gerade für eine bescheuerte Aktion? Sollte das ein Anschlag auf uns werden, oder was?!« Jannik hatte immer noch ganz weiche Knie von dem Schreck. »Oder hat der Typ uns einfach nicht gesehen? Der konnte ja kaum gucken mit seiner komischen Verkleidung.«

»Was hat der überhaupt im alten Hafen gemacht?«, frag-

te Ben. »Da kommt doch sonst nie jemand hin.«

»Vielleicht war der bei Miranda?« Jannik sah seine Freunde besorgt an.

»Dann bedeutet das nichts Gutes«, stellte Lennart fest. »Los, beeilen wir uns.«

Wenig später paddelten sie zwischen den bröckeligen Pfeilern hindurch, die die Hafeneinfahrt markierten. Vor ihnen erhob sich das hellblau gestrichene Hausboot von Miranda. Sie hatte es komplett umgebaut, mit Solaranlage und Bewässerungssystem ausgestattet und ein großes Gewächshaus nahm fast die Hälfte des Decks ein. Darin pflanzte Miranda Obst und Gemüse an.

Die Kinder machten das Schlauchboot am Bootssteg fest, zogen ihre Schwimmwesten aus und kletterten dann über die Planke an Bord. »Huhu, Miranda! Bist du da?«

Keine Antwort! Mit ungutem Gefühl liefen sie an Deck und suchten nach ihrer Freundin.

»Campino! Hierher, Campino«, lockte Jannik Mirandas kleinen schwarzen Hund, der sonst immer gleich angesprungen kam, um sie bellend zu begrüßen. Aber es kam auch kein Campino.

Sie durchsuchten die Kombüse, das Labor, die Lagerräume im unteren Teil des Schiffes und das große Gewächshaus. Nichts! Erschöpft ließen sie sich auf die kleine Bank vor dem Küchenfenster fallen.

»Das ist aber komisch«, stellte Flora fest. »Miranda hat doch gesagt, es ist egal, wann wir das Boot zurückbringen, sie wäre den ganzen Tag hier. Und jetzt ...«

Ben sprang auf. »Ich guck mal im Schuppen!« Weg war er und kam kurze Zeit später grinsend zurück. »Mann, Leute, wir sehen echt schon Gespenster. Das Motorrad ist weg. Miranda hatte bestimmt vergessen, dass sie einen Termin hat.«

Die anderen Kinder stimmten erleichtert in sein Lachen ein. »Wir haben in letzter Zeit eindeutig zu viel mit Verbrechern zu tun gehabt«, meinte Pauline. »Da fallen uns so einfache Erklärungen gar nicht mehr ein. Lasst uns noch warten, vielleicht kommt Miranda ja gleich wieder.«

»Ist dir nicht kalt, Pauli?«, fragte Lennart.

Pauline schüttelte den Kopf. »Meine Sachen sind schon fast wieder trocken. Zum Glück scheint ja die Sonne. Also im Herbst mache ich so eine Tour nicht mehr mit euch!«

Da hörten sie plötzlich das herannahende Knattern von Mirandas Motorrad und kurze Zeit später parkte ihre Freundin die alte blaue BMW samt Beiwagen neben ihren Fahrrädern. Den Helm unter den Arm geklemmt, kam sie mit besorgtem Gesicht an Deck. »Ist alles in Ordnung bei euch?«, rief sie schon von Weitem.

Die Kinder sahen sich überrascht an.

»Klar«, rief Ben. »Was soll denn nicht in Ordnung sein?«

Miranda legte den Helm auf die Bank und zog ihre schwere Lederjacke aus. »Ich habe so einen komischen Anruf bekommen, dass ihr Hilfe braucht ... Natürlich bin ich sofort losgefahren ...«, erzählte sie stockend. Dann schüttelte sie den Kopf. »Da wollte mich wohl jemand auf den Arm nehmen.«

»Warum hast du mich denn nicht einfach auf dem Handy angerufen?«, fragte Pauline erstaunt.

Miranda sah das Mädchen mit offenem Mund an. Dann fing sie furchtbar an zu lachen. »Daran habe ich überhaupt nicht gedacht! Manchmal hat man ja wirklich ein Brett vor dem Kopf.«

Lennart grinste. »Das haben wir vorhin auch schon festgestellt.«

Aber dann fiel Jannik als Erstem auf, dass tatsächlich etwas nicht stimmte – ganz und gar nicht stimmte: Der Beiwagen war leer!

»Campino!« Erschrocken sah er Miranda an. »Wo ist Campino? Er muss doch mit dir gefahren sein.«

»Campino?« Verwirrt blickte Miranda sich um. »Nein, den hatte ich an Bord gelassen. Wo ist er denn?«

Damit war das ungute Gefühl schlagartig wieder da. Sie hatten das ganze Schiff ja schon abgesucht – Campino war nicht hier!

»Das Motorboot«, flüsterte Pauline. »Da lag so ein großer Sack auf dem Boden.« Da Pauline als Einzige gestanden hatte, hatte sie für einen kurzen Moment in das Boot hineinschauen können.

»Boot? Sack?« Miranda sah sie fragend an. »Wovon redest du?«

In wenigen Sätzen berichteten die Kinder von ihrer Paddeltour, den toten Fischen und der stürmischen Begegnung mit dem kleinen Motorboot.

»Was ist mit Ernie und Bert? Habt ihr die beiden gesehen?«, unterbrach Miranda sie besorgt.

Jannik sprang auf. »Ich seh nach.« Tatsächlich fand er die beiden Katzen nebeneinander an ihrem Stammplatz in der Hängematte. »Zum Glück seid ihr noch da«, flüsterte er und streichelte ihnen über die Köpfe. Ein lautes Schnurren kam

als Antwort. Aber was war das? Da lag ein weißer Umschlag neben den Katzen. Jannik griff danach. MIRANDA stand in großen Buchstaben darauf.

Schnell lief er zurück zu den anderen. »Ernie und Bert geht es gut«, rief er atemlos. »Und dann habe ich noch das hier gefunden ...« Er hielt Miranda den Umschlag hin.

Die nahm ihn mit versteinerter Miene entgegen. »Hab ich's doch gewusst«, murmelte sie. »Schon wieder einer.« Mit zitternden Fingern riss sie den Brief auf und zerrte einen Zettel heraus.

»Was steht denn da drin?«, fragte Flora ungeduldig. »Etwas über Campino?«

Verfolgung auf dem Wasser

Miranda strich den Zettel auf ihren Knien glatt und alle sechs starrten auf den Brief, der mit ausgeschnittenen Buchstaben aus einer Zeitung beklebt war.

»Das ist ja ein richtiger Erpresserbrief«, raunte Lennart seinem Bruder zu.

Miranda räusperte sich und las mit stockender Stimme vor: »*Wir haben deinen Hund. Halte dich von der Bürgerinitiative fern, wenn du ihn LEBEND wiederhaben willst. Vernichte die Unterschriftenliste! Kein Wort zu irgendwem!*«

Pauline pfiff leise durch die Zähne. »Das gibt's ja nicht! Was fordern die?! Wovon sollst du dich fernhalten?«

»Und was meintest du mit *schon wieder einer*?«, fragte Lennart, bevor Miranda antworten konnte.

Die ältere Frau stöhnte und erhob sich von der Bank. »Kommt mal mit.« Sie winkte die Kinder hinter sich her in die Kombüse und holte aus einer Schublade drei weitere Briefe, die genauso aussahen, wie der, den sie gerade gelesen hatten.

»Diese Briefe habe ich in den letzten Wochen bekommen. In allen steht das Gleiche, nämlich dass ich unsere Bürgerinitiative auflösen und die Unterschriftenliste vernichten soll.« Miranda setzte sich zu den Kindern an den kleinen Küchentisch und stützte den Kopf in die Hände. »Ich habe das nicht ernst genommen. Ich dachte nicht ...«

»Warum hast du uns nichts davon erzählt?« – »Was für eine Bürgerinitiative?« – »Was wollen die von dir?« Die Fragen der Kinder prasselten auf Miranda ein. Die hob beschwichtigend die Hände. »Wartet, eins nach dem anderen ...«

»Quatsch!« Jannik haute mit der Hand auf den Tisch, sodass ihn alle überrascht ansahen. »Wir müssen Campino retten, alles andere können wir doch nachher noch besprechen! Wir dürfen keine Zeit verlieren!«

Lennart schlug seinem Bruder auf die Schulter. »Er hat recht. Wenn Campino wirklich in dem Sack auf dem Motorboot steckt, dann müssen wir sofort hinterher. Irgendwo muss das Boot ja anhalten. Vielleicht finden wir noch eine Spur!«

Ben sprang auf. »Dann los!«

»Wartet, ich hänge den Motor an das Schlauchboot, dann sind wir schneller.«

Die Grünen Piraten guckten Miranda verblüfft an.

»Was denkt ihr denn? Ich komme natürlich mit!«, sagte sie bestimmt.

Wenig später hatten sie den kleinen Außenbordmotor montiert und Miranda erklärte, wie er gestartet wurde. Nachdem ein schwarzer Hebel umgelegt war, musste nur kräftig an der Anlasserschnur gezogen werden und schon knatterte der Motor los. Während sich die Kinder ein zweites Mal die Schwimmwesten überwarfen, fiel Flora der tote Fisch ein. Ob der nicht vielleicht in den Kühlschrank musste?

Sie griff nach der Regenjacke mit dem eingewickelten Fisch und drückte ihn Miranda in die Hand, als plötzlich das Telefon klingelte. Miranda klemmte sich den Fisch unter den Arm und kletterte aus dem Schlauchboot. Kurz darauf kam sie mit dem Telefon am Ohr aus der Kombüse zurück und machte den Kindern ein Zeichen, dass es noch etwas dauern würde.

Ben betrachtete ungeduldig den Motor. Vielleicht sollte er es schon mal versuchen ... Dann könnte der Motor warmlaufen, bis Miranda fertig war. Er zog mit Schwung an dem Griff. Ein lautes Surren war zu hören, aber sonst tat sich nichts.

»Ben, warte, bis Miranda kommt«, sagte Flora und hielt ihren Bruder am Arm fest, »du weißt ja gar nicht –«

Aber Ben riss schon erneut an der Anlasserleine und plötzlich spuckte und knatterte der Motor los. Triumphierend grinste er seine Schwester an.

»– wie man ihn wieder ausmacht«, beendete Flora den

Satz und im gleichen Moment schoss das Boot nach vorne. Das Seil, das sie nur leicht um einen Holzpfahl geschlungen hatten, löste sich und folgte ihnen wie eine Wasserschlange durch die Wellen.

»Haltet euch fest«, schrie Ben, der versuchte, das schlingernde Boot unter Kontrolle zu bringen.

Miranda machte wilde Zeichen vom Deck des Hausbootes, wie der Motor richtig zu bedienen war, und irgendwann hatte Ben es kapiert und kurvte zur Übung ein paar Runden durch das Hafenbecken.

»Geht doch!«, rief er begeistert.

Pauline boxte ihn in die Seite. »Fast wäre ich wieder im Wasser gelandet, du Blödmann!«

Dann düsten sie durch die Hafeneinfahrt auf den Fluss und nahmen die Verfolgung auf. Kein Vergleich zu der mühsamen Paddelei vorhin!

Nach einer Weile pfiff Pauline durch die Zähne. »Leute, ich glaube, wir haben was vergessen.« Alle sahen sie erstaunt an. »Was ist mit Miranda?! Sie wollte doch mitkommen.«

In diesem Moment klingelte Bens Handy und er musste sich kleinlaut entschuldigen, weil sie einfach ohne Miranda losgefahren waren. Da sie jetzt aber schon so weit gekommen waren, versprachen sie ihr, vorsichtig zu sein und nach einer halben Stunde umzukehren, wenn sie das Motorboot bis dahin nicht gefunden hatten. Ben wedelte mit der Hand, als er aufgelegt hatte. »Oha, Miranda war echt sauer«, erklärte er den anderen. »Aber sie macht sich auch ziemliche Sorgen um Campino und hofft, dass wir eine Spur von ihm finden.«

»Campinos Entführer haben jetzt schon einen großen Vorsprung und wenn wir noch mehr Zeit verloren hätten, wäre unsere Chance gleich null gewesen, sie wiederzufinden«, versuchte Pauline ihren schnellen Aufbruch zu rechtfertigen.

Lennart sah sich suchend um, seine langen Haare flatterten dabei im Fahrtwind. Auf dem Wasser war weit und breit kein Motorboot zu sehen. »Wo können sie bloß hingefahren sein?«

»Was gibt es denn hier in der Nähe?«, fragte Pauline. »Wo könnte ein Motorboot anlegen?«

»Der Sporthafen!«, antwortete Ben wie aus der Pistole geschossen. »Natürlich! Da müssen wir hin! Alle Mann festhalten!« Damit drehte er den Gashebel bis zum Anschlag. Das Boot schoss mit einem Satz nach vorne und raste am Ufer entlang davon.

Nach ein paar Minuten machte der Fluss eine Biegung. Hier gab es einen kleinen Seitenarm, der zum Sporthafen führte. Dorthin lenkte Ben jetzt das Schlauchboot. Er nahm das Gas zurück und drückte auf den Knöpfen am Motor herum. Nach einem knarrenden Röcheln wurde es plötzlich still und das Boot glitt lautlos in die Hafeneinfahrt. Den Kin-

dern pochte das Herz bis zum Hals, hoffentlich konnten sie Campino befreien!

Der von hohen Bäumen eingesäumte Sporthafen lag wie ausgestorben vor ihnen, kein Mensch war auf den Booten zu sehen, die friedlich an zwei langen Holzstegen vertäut auf den Wellen schaukelten. Einige Boote waren mit Planen abgedeckt. Am Ufer stand ein flacher, dunkelblau gestrichener Holzbau, der wohl das Vereinsheim war. Er hatte eine große Fensterfront, in der sich die tief stehende Sonne spiegelte. Ein kleineres Bootshaus daneben war auf Stelzen direkt ins Wasser gebaut und durch das große, geöffnete Tor führte ein Steg hinein.

»Ab jetzt rudern wir«, flüsterte Pauline heiser. »Wir dürfen keinen Krach machen. Vielleicht sind die Entführer noch hier.«

Langsam paddelten sie durch die Reihen mit verschieden großen Motorbooten, kleineren Yachten und Segelbooten. Plötzlich tauchte neben ihnen auf einem weißen Segelboot ein Mann in einer Luke auf und kletterte an Deck. Die Kinder erschraken, doch der Bootsbesitzer kümmerte sich nicht weiter um sie.

Es gab viele Motorboote, die dem der Entführer ähnelten, aber das so verzweifelt gesuchte war nicht zu sehen. Also musste es eines der Boote sein, die mit einer Plane abgedeckt waren.

»Vielleicht hockt der arme Campino da jetzt einsam im Dunkeln unter einer Plane und verhungert!«, sagte Jannik mit zitternder Stimme. »Bestimmt haben sie ihm ein Betäubungsmittel gegeben! Er ist doch sicher nicht freiwillig mit den Verbrechern gegangen?«

»Das hätte er nie getan!«, stimmte Lennart zu. »Wir müssen alle abgedeckten Boote überprüfen. Am besten teilen wir uns auf. Zwei Teams mit zwei Leuten untersuchen die Boote vom Steg aus. Einer hält im Boot Wache, um uns im Notfall schnell wieder einzusammeln.« Er wandte sich an Ben. »Das machst am besten du, du kannst als Einziger den Motor anschmeißen, falls wir abhauen müssen.«

Plötzlich bog ein langes Ruderboot in die Hafenzufahrt ein. Die Kinder ducken sich unwillkürlich. Acht Ruderer zogen die Paddel kräftig und gleichmäßig durchs Wasser, nur ein leises, rhythmisches Platschen war zu hören. Sie fuhren geradewegs ins Bootshaus hinein, stiegen dort aus und gingen unter lautem Gelächter zum Vereinsheim hinüber.

Die Gesprächsfetzen vom Ufer wurden jetzt vom Knattern eines Dieselmotors übertönt. Ein paar Sekunden später tauchte hinter dem Vereinsheim ein großer grüner Jeep auf, der ein abgedecktes Motorboot auf einem Fahrgestell hinter sich herzog.

»He, vielleicht ist das da hinten unser Boot!«, rief Ben aufgeregt und deutete auf den Geländewagen. »Warum haben wir kein Fernglas mitgenommen, wir Trottel!«

»Selbst wenn es das Boot war, jetzt ist es weg!«, sagte Pauline trocken, denn der Jeep verschwand gerade mitsamt Anhänger hinter den Bäumen.

»Vielleicht war es aber auch gar nicht das Entführer-Motorboot«, überlegte Flora laut. »Und das würde bedeuten, dass Campino immer noch hier ist!«

Wo ist Campino?

Der Mann auf dem Segelboot war zum Glück wieder abgetaucht und die Ruderer aus dem Vereinsheim nicht wieder aufgetaucht, sodass die Kinder freie Bahn hatten. Flora und Jannik liefen sofort zum ersten abgedeckten Boot in der Reihe. Während Flora die Plane ein Stück hochzog, lugte Jannik darunter.

»Campino«, flüsterte er. »Bist du da drin?«

Keine Antwort, noch nicht mal ein leises Winseln – nichts.

»Fehlanzeige! Nächstes Boot«, sagte Flora und sah zu Pauline und Lennart hinüber, die gerade ihre Köpfe unter eine graue Abdeckung steckten.

Ben versuchte vom Schlauchboot aus einen Blick in die kleineren Boote zu werfen und paddelte um sie herum.

Jannik sah immer wieder ängstlich zum Ufer hinüber, hoffentlich wurden sie nicht erwischt! Dass sie sich hier an fremden Booten zu schaffen machten, war ganz bestimmt verboten!

»Jetzt hilf mir doch mal!« Flora zerrte schon an der Schutzplane des nächsten Bootes. So arbeiteten sie sich langsam weiter durch die Reihe. Noch zwei Boote, dann hatten sie tatsächlich alles abgesucht. Ihre Hoffnung, Campino hier zu finden, schmolz langsam dahin.

»He, was macht ihr da?!«, brüllte plötzlich eine laute Stimme und ein älterer Mann mit Kapitänsmütze kam vom Vereinsheim auf den Holzsteg gerannt. »Lasst die Finger von den Booten, aber zackig!«

Die Kinder erstarrten. Der Mann lief geradewegs auf Flora und Jannik zu. Flora warf einen schnellen Blick zur Seite und sah, dass Pauline und Lennart hastig zu ihrem Bruder ins Schlauchboot kletterten. Geschickt ruderte Ben nun hinter ein größeres Boot und so waren die drei im Moment nicht zu sehen.

Der Mann stand jetzt direkt vor Flora und Jannik und baute sich drohend vor ihnen auf. »Was habt ihr hier zu suchen?! Das ist Privatgelände!«

»Äh ...«, stammelte Jannik mit hochrotem Kopf. »Äh, also ... wir suchen einen Hu–«

»Wir suchen einen Freund«, fiel ihm Flora ins Wort. »Wir spielen nämlich Verstecken und der Hugo sitzt bestimmt hier unter einer Plane und lacht sich kaputt, weil wir ihn nicht finden!«

»*Hugo*?«, fragte Jannik irritiert.

Der Mann sah misstrauisch von einem zu anderen. »Das ist hier kein Spielplatz! Verschwindet!«

»Aber zuerst müssen wir noch nachgucken, ob Hugo hier ist. Hugo? Wo bist du?!« Flora zupfte schnell an der Plane des vorletzten Bootes und gab Jannik ein Zeichen, dass er sich noch um das letzte Boot am Ende des Holzstegs kümmern musste.

Der Mann war so verblüfft, dass er sie nicht daran hinderte.

»Also, falls Sie hier einen Jungen mit roten Locken finden, sagen Sie ihm, er hat gewonnen. Wir geben auf.« Flora hatte kaum ihren Satz beendet, da tauchte das Schlauchboot mit den drei anderen am Steg auf. Ben riss am Anlasser und Flora und Jannik sprangen ins Boot, das dabei wild ins Schaukeln kam.

»Lasst euch hier nicht mehr blicken! Beim nächsten Mal rufe ich die Polizei!« Drohend schüttelte der Mann eine Faust.

Die Kinder winkten zurück, erleichtert, aus der Reichweite des Käpt'ns zu sein, und Ben lenkte das Schlauchboot mit dröhnendem Motor aus dem Sporthafen heraus.

»Puuh«, stöhnte Flora. »Das war aber ein fieser Typ.«

»Mann, warst du cool!«, sagte Jannik bewundernd. »Aber wer ist Hugo?!«

Flora lachte. »Keine Ahnung, mir fiel so schnell kein anderer Name ein, der mit *Hu* anfängt!«

»Und? Habt ihr irgendwas entdeckt?«, fragte Pauline die beiden. »Wir haben alle Boote am Steg abgesucht, aber nirgendwo eine Spur von Campino.«

Jannik schüttelte betrübt den Kopf. »Absolut gar nichts!«

Miranda erwartete die Kinder schon mit besorgtem Gesicht und half ihnen, das Schlauchboot mit der Seilwinde an Deck des Hausbootes zu ziehen. An den bedrückten Mienen der fünf konnte sie ablesen, dass sie Campino nicht gefunden hatten. »Kommt, wir setzen uns in die Küche. Ich muss euch einiges erklären«, sagte sie.

Gehorsam trotten alle hinter ihr her, selbst Ernie und Bert schlossen sich der kleinen, traurigen Prozession an und wuselten um Mirandas Beine herum, als ahnten sie, dass etwas Wichtiges auf dem Spiel stand. Oder wollten sie nur wieder Fiona ärgern? Vorsichtshalber schob Jannik seine Hand zu der kleinen Ratte in die Jackentasche, als er sich auf die Küchenbank fallen ließ.

»Worum geht es denn jetzt bei dieser Bürgerinitiative, von der du vorhin erzählt hast?«, fragte Pauline gespannt.

Miranda räusperte sich. »Ihr habt es heute auf eurer Paddeltour vermutlich selbst gesehen: Das Flussbett des Elsbachs ist vor Jahrzehnten begradigt und am Ufer zubetoniert worden. Dadurch wurden zusätzliche Flächen erschlossen, die direkt am Fluss liegen.«

»Erschossen?« Flora machte ein erschrockenes Gesicht.

Pauline stöhnte. »Hör mal richtig zu. Das heißt *erschlossen*! Und das bedeutet, dass darauf gebaut werden kann, oder?«

»Richtig«, bestätigte Miranda. »Die Bauern haben ihre Felder vergrößert und auf der anderen Uferseite ist das Gewerbegebiet von Bieberheim entstanden.«

»Diese grauen Betonwände am Ufer sehen wirklich ziemlich hässlich aus.« Flora dachte an ihren Ausflug zurück.

»Nicht nur das«, sagte Miranda, »der Elsbach hat kein natürliches Überflutungsgebiet mehr, in dem bei starken Regenfällen das Wasser versickern kann. Wenn es oft und viel regnet, wird die Stömung in dem begradigten Flusslauf schnell sehr stark und die Hochwassergefahr steigt.«

»So wie letzten Herbst in Rateburg, da hat die Wasel die ganze Altstadt überschwemmt«, erinnerte sich Lennart.

Miranda nickte. »Und für die Tiere und Pflanzen ist so ein zubetoniertes Flussufer natürlich auch nicht besonders attraktiv. Einigen Tierarten fehlen die Nistplätze und den Pflanzen das Schwemmland.«

»Kennt ihr den Eisvogel?«, meldete sich Tierexperte Jannik zu Wort. »Der sieht total super aus, oben knallblau, unten knallorange, und der baut sich am Ufer seine Nisthöhle, ich hab mal einen beobachtet.«

»Dann hat der Eisvogel hier jetzt aber ein Problem«, sagte Ben. »Da ist ja nicht viel Uferfläche übrig geblieben.«

»Und genau deshalb sammelt unsere Bürgerinitiative Unterschriften dafür, dass der Elsbach wieder renaturiert werden soll.« Als sie die verständnislosen Blicke der Kinder sah, ergänzte sie: »Also, das heißt, dass der Fluss seine natürliche Umgebung wieder zurückbekommen soll, die Betonwände werden entfernt und das alte Flussbett wieder angelegt.«

Flora lief ein Schauer über den Rücken. »Und diese Unterschriften sollst du jetzt vernichten, damit sie Campino wieder freilassen?«

Miranda nickte betrübt.

»Wer hat denn so ein großes Interesse daran, dass bei dem Fluss alles so bleibt, wie es jetzt ist?«, fragte Pauline.

Miranda seufzte. »Leider eine ganze Menge Leute. Eigentlich alle, die ein Grundstück am Elsbach besitzen. Die Bauern wollen ihre Felder nicht freiwillig verkleinern und die Firmen im Gewerbegebiet stellen sich natürlich genauso stur, obwohl das eigentlich weit genug vom Fluss weg liegt. Der Bürgermeister hat bisher leider auch noch keinen hilfreichen Vorschlag gemacht.«

»Pffff, der Klotzmeier!« Lennart winkte ab. »Der tut doch immer nur so, als würde ihn die Umwelt interessieren. Dem glaub ich kein Wort!«

Mit dem Bürgermeister von Bieberheim hatten die Grünen Piraten schon so ihre Erfahrungen gemacht. Meistens hatte er seine Finger im Spiel, wenn es um schmutzige Geschäfte ging.

»Was ist mit den toten Fischen?«, fragte Ben. »Haben die auch was mit diesem ganzen Kram zu tun?«

Miranda stand auf. »Meine Mitstreiter von der Bürgerinitiative haben auch schon mehrfach tote Fische im Elsbach entdeckt. Schrecklich, aber mit der Begradigung des Flusslaufs hat das sicher nichts zu tun. Es könnte eher sein, dass die Bauern oder die Fabriken, die nahe am Elsbach liegen, Giftstoffe ins Wasser ablassen.«

»Aber das können die doch nicht machen! Kontrolliert das denn keiner?«, empörte sich Flora.

»Klar ist das verboten, aber hier in der Stadt guckt da

scheinbar keiner so genau hin. Ich glaube, den meisten Menschen ist gar nicht klar, wie wertvoll unser Wasser ist.«

»Es gibt ja auch massenhaft davon«, meinte Ben. »Die ganzen Meere sind doch randvoll!«

Miranda lächelte. »Aber der Großteil des Wassers, das es auf der Erde gibt, ist für die Menschen und die meisten Tiere und Pflanzen nicht genießbar, es ist nämlich Salzwasser. Hier ...« Sie nahm ein Blatt und einen Bleistift und begann zu zeichnen. »Wenn das ganze Wasser auf der Welt in einem Eimer wäre, dann wäre das Wasser in den Seen und Flüssen – also unser Süßwasser – nur ein einziger Teelöffel, drei Teelöffel davon wären Grundwasser, eine Schüssel mit Eiswürfeln die Gletscher und der große Rest des Eimers das Salzwasser. Natürlich ist alles ein Kreislauf ...«, Miranda malte noch ein paar Pfeile, »und das Meerwasser verdunstet, regnet in die

Seen und Flüsse und fließt wieder zurück ins Meer – die Giftstoffe leider auch.«

»Und die vergiften die Fische«, beendete Pauline den Satz. »Das müssen wir verhindern! Kannst du denn den toten Fisch und die Wasserprobe vom Elsbach untersuchen?«

»Natürlich, aber noch besser wäre es, wenn ich mehrere Proben von verschiedenen Standorten und vom Flussschlamm hätte«, sagte Miranda. »Dann könnte ich über die Höhe der Konzentration der Verunreinigung den Ort der Einbringung eingrenzen.«

»Hä?«, kam es von Ben.

»Da, wo am meisten Dreck im Wasser ist, wird es vermutlich auch reingeschüttet«, erklärte Lennart grinsend.

»Ach Gott!« Miranda schlug sich mit der flachen Hand vor die Stirn. »Morgen ist doch die Demonstration in der Fußgängerzone! Wir müssen ja noch mehr Unterschriften für das Bürgerbegehren sammeln. Was mache ich denn jetzt bloß? Da kann ich ja gar nicht hingehen!«

»Auf keinen Fall«, sagte Jannik bestimmt. »Sonst tun die Campino noch was an!«

»Dann gehen wir eben für dich hin«, schlug Flora vor.

»Genau!«, sagte Ben. »Und was machen wir dann da?«

»Na was wohl? Unterschriften für den Elsbach sammeln!«, rief Pauline begeistert. »Und vielleicht kommen wir so auf eine Spur, die zu Campino führt?!«

Am nächsten Nachmittag versammelten sich die Grünen Piraten an ihrem Treffpunkt, dem alten Wohnwagen, der im Garten von Jannik und Lennart stand. Aber diesmal hatten sie nicht viel Zeit, denn um drei Uhr begann schon die Demonstration der Bürgerinitiative auf dem Marktplatz.

Als sie gerade die Tür vom Wohnwagen hinter sich zuziehen wollten, tauchte Lennarts Mutter zwischen den Büschen auf.

»Hallo ihr fünf«, rief Frau Vogel den Kindern zu. »Dachte ich mir doch, dass ihr alle hier seid. Ich habe gerade überlegt, dass wir heute Abend ein paar Würstchen zusammen grillen können. Habt ihr Lust? Nach der Demonstration könnt ihr bestimmt eine Stärkung gebrauchen.«

»Super!« Jannik lief schon das Wasser im Mund zusammen. Er liebte Grillwürstchen! Auch die anderen Kinder stimmten begeistert zu.

»Ich ruf Oma Greta an, sie macht uns dafür bestimmt noch ihren leckeren Stockbrotteig«, schlug Flora vor. »Können wir dann nicht auch alle im Wohnwagen übernachten? Meine Mutter hat Spätdienst, die hat bestimmt nichts dagegen.«

»Ja, das wär klasse«, stimmte Ben zu. Da der Vater der beiden Geschwister nicht mehr bei ihnen lebte, wären sie sonst sowieso abends alleine zuhause gewesen. Oma Greta, die eine Etage tiefer wohnte, ging immer früh ins Bett.

»Von mir aus gerne. Fragt eure Eltern. Dann bis nachher.« Lennarts Mutter verschwand raschelnd in den Büschen, natürlich nicht ohne die unvermeidliche Frage: »Habt ihr eigentlich Hausaufgaben auf?«

Lennart und Jannik verdrehten die Augen.

»Machen wir morgen«, rief Lennart. »Heute ist doch Freitag, Mama!«

Pauline kicherte. »Mütter!«, stöhnte sie theatralisch. »Die sind doch alle gleich.«

Jetzt mussten sich die fünf langsam auf den Weg in die Fußgängerzone machen. Sie schwangen sich auf ihre Fahrräder, nahmen den Weg durch den Stadtwald und fuhren dann am Schwimmbad vorbei ins Zentrum von Bieberheim. Alle waren gespannt, was da los sein würde. Schließlich waren sie noch nie auf einer Demonstration gewesen.

Aber als sie ihre Räder am Rathaus abstellten, waren sie ziemlich enttäuscht. Eine Demonstration hatten sie sich irgendwie imposanter und aufregender vorgestellt. Es waren zwar einige Leute auf dem Marktplatz unterwegs, aber nur, um von einem Geschäft ins nächste zu kommen. Neben dem Brunnen mit der galoppierenden Reiterstatue, der bei ihrer ersten Aktion als Grüne Piraten eine wichtige Rolle gespielt hatte, war ein langer Klapptisch aufgebaut, auf dem verschiedene Broschüren lagen. Davor stand ein älterer Herr mit grauem Bart, der eine Kladde in der Hand hielt und versuchte, mit den vorbeieilenden Menschen ins Gespräch zu kommen.

»Kommt mit, das wird wohl der Stand von Mirandas Truppe sein«, vermutete Flora.

Die Freunde schlenderten zu dem Herrn hinüber und stellten sich vor.

»Wir wollten Sie gerne unterstützen«, erklärte Pauline, »weil Miranda heute nicht kommen kann, ihr geht es nicht gut.« Und das war ja noch nicht mal gelogen!

»Das ist schön, etwas Hilfe kann ich wirklich gebrauchen«, sagte der Mann, der sich als Konrad Walter vorstellte. »Miranda ist leider nicht die Einzige. Vier Mitglieder unserer Bürgerinitiative haben sich krankgemeldet, alle von unserem Organisationsteam. Das muss wirklich ein ganz schön heftiges Virus sein.«

Die Kinder warfen sich bedeutungsvolle Blicke zu. Erging es den anderen etwa genauso wie Miranda? Wurden sie auch erpresst?! Das mussten sie unbedingt herausfinden! Aber erst mal gab es hier genug zu tun. Herr Walter drückte ihnen ein großes Banner in die Hand, das sie zwischen zwei Laternen aufhängen sollten.

»Richtig los geht es erst in einer Stunde«, erklärte er. »Dann ist die Sitzung im Rathaus zu Ende, wo gerade über die Vergrößerung des Gewerbegebietes beraten wird. Leider in einer nicht öffentlichen Sitzung«, fügte er hinzu.

»Was machen Sie eigentlich mit den ganzen Unterschriften, die wir sammeln?«, fragte Lennart, während er versuchte, die Schnüre des Banners zu entwirren.

Konrad Walter strich sich über den Bart. »Herr Klotzmeier hat es bisher abgelehnt, sich mit der Renaturierung des Elsbachs auseinanderzusetzen und der Stadtrat will sich scheinbar nicht mit ihm anlegen. Deshalb bleibt uns nur eins …« Er zeigte auf die Unterschriftenlisten, von denen mehrere auf dem Klapptisch lagen. »Wenn wir genügend Unterschriften für ein Bürgerbegehren gesammelt haben, dann *müssen* sich Stadtrat und Bürgermeister mit dem Thema beschäftigen – ob sie wollen oder nicht!«

»Na, dann gehen wir mal auf Autogrammjagd!« Ben schnappte sich eine Kladde, einen Kugelschreiber und einen Haufen Broschüren und begann, die Leute anzuquatschen, die am Stand vorbeigingen.

Flora beobachtete ihn verwundert. »Mein Bruder ist ja ein richtiges Verkaufstalent.«

Herr Walter nickte zufrieden. »Ja, wenn er so weitermacht, haben wir bald genügend Unterschriften zusammen. Bei Miranda liegen ja schon Listen mit bestimmt zweitausend Unterschriften.«

Flora schluckte. Das mussten die Listen sein, die Miranda vernichten sollte, damit sie Campino zurückbekam. Ob sie das wirklich tun würde?

Während die Kinder mit Konrad Walter in der nächsten Stunde Banner aufhängten und Broschüren verteilten, kamen immer mehr Leute zusammen, die um vier Uhr – zum Ende der Ratssitzung – für den Elsbach demonstrieren wollten. Jannik und Lennart verteilten Transparente, die hochgehalten werden sollten, und jeder bekam eine Trillerpfeife in die Hand gedrückt.

Als Ben die knallgrünen Pfeifen erspähte, kam er direkt angesprungen. »Die sehen ja super aus, kann ich auch eine haben?«

Herr Walter lächelte und hielt ihm den Beutel hin, damit er sich eine herausnehmen konnte. »Na klar. Und wenn der Bürgermeister und der Stadtrat kommen, dann darfst du auch kräftig pfeifen.«

»Was steht denn auf dem Band?«, fragte Lennart und fischte sich auch eine Trillerpfeife heraus. *»Mit der Umwelt geht's nach vorn mit der Firma Haberkorn«*, las er vor.

»Wow, unterstützt euch die Firma?«, fragte Pauline.

»Nicht wirklich. Aber die Pfeifen hat uns Margret Haberkorn tatsächlich spendiert. Die engagiert sich jetzt öfter bei Umweltprojekten in Bieberheim, nachdem ihre Firma –«

Plötzlich übertönte lautes Hupen und Knattern Herrn Walters Worte. Verwundert schauten sich die Kinder und die anderen Demonstranten um. Da die Grünen Piraten mitten in einer Menschentraube standen, konnten sie nicht gleich erkennen, was da auf sie zukam. Aber dann teilte sich die Menge und machte einer Reihe von großen Traktoren Platz, die im Schritttempo auf den Marktplatz rollten.

»Die haben uns gerade noch gefehlt«, knurrte Herr Walter und ging mit entschlossener Miene auf einen riesigen grünen Trecker zu, der jetzt direkt vor dem Infostand anhielt. Darauf saß ein großer, bulliger Mann mit wettergegerbtem Gesicht, eine grüne Schiebermütze auf dem Kopf.

»Ihr habt hier nichts zu suchen«, rief Konrad Walter ihm zu. »Das ist *unsere* Demonstration, die haben *wir* bei der Stadt angemeldet.«

»Nu, jetzt ist es eben auch unsere«, gab der Bauer feixend zurück. »Wir wollen nicht, dass ihr unsere besten Felder überschwemmt mit euren komischen Plänen.«

Die anderen Bauern hupten zustimmend.

»Aber ihr würdet dafür Ausgleichsflächen bekommen, euch geht doch überhaupt nichts verloren!« Herr Walter musste schreien, um sich Gehör zu verschaffen. »Und für die Tiere und Pflanzen gibt es dann –« Seine letzten Worte gingen in dem Gejohle der Treckerfahrer unter.

Der Bauer auf dem vorderen Traktor, der der Wortführer zu sein schien, stand auf und machte seinen Kollegen beschwichtigende Zeichen. Als es wieder ruhiger war, wandte er sich den Naturschützern zu. »Und wo sollen die bittschön sein?! Der beste Boden ist direkt am Fluss. So gute

Felder gibt's hier im Umkreis überhaupt keine mehr. Wir wollen unsere Felder behalten!«

»Genau! Und der Elsbach soll so bleiben, wie er ist!«, ereiferte sich ein anderer Bauer. Wieder gab es ein Hupkonzert und dann schrien sich alle gegenseitig so laut an, dass keiner mehr den anderen verstehen konnte.

Die Kinder hatten sich hinter dem Infotisch verschanzt und beobachteten den Streit mit gemischten Gefühlen.

»Das ist ja schlimmer als im Kindergarten«, stellte Pauline kopfschüttelnd fest.

Flora nickte zustimmend. »Pass auf, gleich gehen die noch aufeinander los.«

Randale in der Fußgängerzone

Wie auf Floras Kommando packten sich plötzlich einer der Bauern und ein Demonstrant gegenseitig am Kragen und rangelten miteinander. Sofort eilten andere hinzu, um dem eigenen Kollegen zu helfen. Einer bekam eine Faust auf die Nase, eine Naturschützerin brachte sich mit schmerzverzerrtem Gesicht hinter dem Infotisch in Sicherheit. Konrad Walter sprang durch die Menge und versuchte verzweifelt, die Leute zur Vernunft zu bringen. Dabei landete ein Transparent auf seinem Kopf. Es war das reinste Chaos! Die Kinder waren zum Glück hinter dem Infotisch einigermaßen geschützt.

Jannik stupste Pauline den Ellbogen in die Seite. »Guck mal, da ist auch unser Freund Felix Mattes.«

Mattes war zwar nicht wirklich ihr Freund, aber er war Reporter der Bieberheimer Tageszeitung und hatte schon öfter über die Grünen Piraten berichtet, obwohl er nicht wusste, wer sie waren. Das war schließlich absolut geheim! Er kannte nur ihr Erkennungszeichen, den grünen Totenkopf, den die fünf bei ihren Einsätzen als einzigen Hinweis zurückließen. Mattes lief herum, schoss Fotos und befragte einige Bauern und Naturschützer, die gerade nicht in die Prügelei verwickelt waren.

Plötzlich fiel Lennart die Trillerpfeife ein, die um seinen Hals baumelte. Er machte seinen Freunden ein Zeichen und deutete darauf. Die Kinder grinsten zustimmend und auf Lennarts Kommando pfiffen sie alle, so laut sie konnten, auf ihren Pfeifen. Von einer Sekunde auf die andere stoppte die Prügelei, alle verharrten regungslos und schauten sich irritiert um. Und genau in diesem Moment öffnete sich die Rathaustür und der dicke Bürgermeister trat auf die Treppe. Hinter ihm drängten die Mitglieder des Stadtrates und einige der ansässigen Unternehmer des Bieberheimer Gewerbegebietes nach draußen.

Flora zupfte Herrn Walter am Ärmel. »Wer sind die ganzen Leute?«, fragte sie leise. »Kennen Sie die?«

»Also, die Frau in dem roten Kostüm mit dem Dutt, das ist Frau Haberkorn ...«

»Ach, die Pfeifenspenderin«, unterbrach ihn Flora.

Herr Walter nickte. »Und der untersetzte Herr daneben, der mit der orangen Krawatte, das ist Herr Klute, der Chef von HAPPY CHIPS ...«

»Oh, den würde Jannik bestimmt gerne kennenlernen!« Flora grinste.

»Was ist denn hier los?«, polterte Klotzmeier und stieg die Stufen zum Marktplatz herunter. »Lassen Sie sofort Herrn Niebüll los!« Drohend ging er auf einen der Naturschützer zu, der den schmächtigen Bauern sogleich losließ und schuldbewusst zu Boden blickte.

Da jetzt gerade alle ruhig waren, nutzte Konrad Walter die Gelegenheit und stellte sich auf eine Obstkiste. »Wir haben uns hier versammelt, um für die Renaturierung des Elsbachs zu demonstrieren«, erklärte er, obwohl das ja eigentlich alle schon wussten. »Wie stehen Sie dazu, Herr Bürgermeister?«

Klotzmeier machte eine vage Handbewegung. »Die Begradigung des Elsbachs wurde damals einstimmig vom Stadtrat beschlossen und ich sehe keinerlei Veranlassung, das rückgängig zu machen«, sagte er so laut, dass es alle hören konnten. »Dadurch würden erhebliche Kosten auf unsere Stadt zukommen, die der kommunale Haushalt gar nicht bewältigen könnte. Oder möchten Sie das Projekt aus eigener Tasche bezahlen?« Der Bürgermeister lachte selbstgefällig.

»Unsere Kinder haben ein Recht auf eine saubere Umwelt!«, rief eine junge Frau. »Im Elsbach schwimmen doch nur noch tote Fische!«

Die Umweltschützer pfiffen zustimmend.

Herr Klotzmeier hob seine Arme und bat wieder um Ruhe. »Das ist ja alles maßlos übertrieben! So schlimm ist es doch nun wirklich nicht. Der Elsbach lebt! Dafür lege ich mein Hand ins Feuer«, verkündete er großspurig.

»Wenn der sich da mal nicht die Finger verbrennt!«, flüsterte Lennart seinen Freunden zu.

»Wir wollen unsere Felder behalten«, schrie jetzt ein Bauer mit hochrotem Kopf von seinem Trecker herunter.

»Wäre denn durch eine Renaturierung die Vergrößerung des Gewerbegebietes gefährdet?«, mischte sich jetzt Herr Klute ein. »Wir brauchen die Flächen für unseren Ausbau, dadurch entstehen ja auch neue Arbeitsplätze ...«

Der Bürgermeister nickte beifällig.

»Aber nein! Das Gewerbegebiet liegt gar nicht im Schwemmland, nur die Felder sind betroffen«, erklärte Herr Walter mit hochrotem Kopf. »Ich schlage ein Treffen direkt am Fluss vor, dann können wir allen vor Ort zeigen, welches Gebiet bei einer Renaturierung überschwemmt werden würde – so groß ist das überhaupt nicht.«

»Und dann sehen Sie auch selber mal, was da inzwischen für eine Brühe im Elsbach treibt«, rief ein junger Mann mit Pferdeschwanz.

Nach einer kurzen Beratung mit seinen Stadträten erklärte sich der Bürgermeister dazu bereit, in zwei Tagen, am Sonntag, mit den Umweltschützern, den Bauern und den Unternehmern des Gewerbegebietes ein gemeinsames Treffen am Elsbach zu veranstalten, wo sie versuchen wollten, zu einer Einigung zu kommen.

Der Wortführer der Landwirte nahm das Angebot mit einem knappen Kopfnicken an und dann ratterte die Treckerkolonne unter lautem Getöse wieder aus der Fußgängerzone.

»Das wird bestimmt lustig«, meinte Ben. »Wenn dann auch alle so drauf sind wie heute, schubsen die sich wahrscheinlich gegenseitig in den Elsbach.«

»Gutes Stichwort«, sagte Flora, »wir müssen noch die Wasserproben besorgen, die Miranda untersuchen wollte.«

»Hauptsache, wir sind pünktlich zum Würstchengrillen wieder zurück«, fügte Ben grinsend hinzu.

»Und wir müssen noch unsere Schlafsachen holen«, meinte Pauline, die inzwischen auch bei ihren Eltern angerufen hatte. Die waren ausnahmsweise sogar ganz froh, dass ihre Tochter untergebracht war, da sie Theaterkarten für diesen Abend hatten. Ansonsten sahen sie es nicht so gerne, wenn ihre Tochter sich *rumtrieb*, wie sie es nannten.

Die Freunde verabschiedeten sich von Konrad Walter und liefen durch die sich langsam auflösende Menge zu ihren Fahrrädern.

Jannik nahm Fiona aus seiner Hemdtasche, kraulte sie kurz hinter den Öhrchen und setzte sie dann vorsichtig in den ausgepolsterten Fahrradkorb. »Und dann müssen wir uns dringend etwas einfallen lassen, wie wir Campino finden!«

»Genau!« Pauline sah mit besorgtem Blick in die Menge. »Und ich könnte wetten, dass der Entführer hier ganz in unserer Nähe ist!« Sie wusste gar nicht, wie recht sie damit hatte.

Fischfutter

Die fünf Freunde schwangen sich auf ihre Räder und düsten los. Sie fuhren an der Schule vorbei die Bieberheimer Hauptstraße entlang. An der Bahnunterführung ließ Jannik sich gemütlich herunterrollen, hatte dann aber nicht genug Schwung und musste den Fahrradweg auf der anderen Seite hochschieben, während sich die anderen in die Pedalen stellten.

Nach der Unterführung gelangten sie ins Gewerbegebiet von Bieberheim, das nah am Elsbach lag. Sie radelten durch die breiten Straßen, auf denen ihnen nur ab und zu ein großer Lkw entgegenkam. Hohe Bürogebäude ragten rechts und links hinter Mauern und Zäunen empor. In einiger Entfernung waren die Silos der Zuckerfabrik zu sehen. Direkt daneben lag die Chipsfabrik. HAPPY CHIPS stand in großen orangen Lettern auf einem riesigen Schild.

»Mmmh!« Jannik leckte sich die Lippen. »Ich *liebe* Happy Chips! Und die Zwiebelringe und Crunchybärchen und ...«

Lennart lachte. »Davon hätte ich jetzt auch gerne ein Tütchen.«

»Ach nee, guckt mal da hinten.« Pauline zeigte auf ein blaues Schild, das an dem Fabrikgebäude neben der Chipsfabrik prangte. »Wie war das noch? Mit der Firma Haberkorn geht's mit der Umwelt immer nach vorn, oder so ähnlich?« Sie bremste vor dem grauen langgestreckten Bau. HABERKORN GALVANIK GMBH stand groß auf der Front des Gebäudes, daneben waren Bilder von verschiedenen Metallteilen gemalt: Schrauben, Winkel und Bleche.

»Was machen die denn so Tolles für die Umwelt?«, fragte Ben, als er direkt neben Pauline eine Vollbremsung hingelegt hatte.

»Galvanik?« Jannik hielt keuchend neben seinen Freunden und spähte zum Firmengelände herüber. »Was ist das denn?«

Lennart räusperte sich. »Da werden Gegenstände mit Metall beschichtet. Das können zum Beispiel Schrauben oder Wasserhähne sein. Die werden in Bäder getaucht und da wird dann Strom durchgejagt. Dadurch hält das irgendwie.«

»Wow, Lennart«, frotzelte sein Bruder. »Da hast du ja mal richtig aufgepasst im Unterricht.«

»Kommt, lasst uns weiterfahren. Davon, dass die Firma Haberkorn ein paar Pfeifen spendiert, geht es mit der Umwelt noch nicht wirklich nach vorn«, trieb Pauline ihre Freunde an.

Sie bogen in den Weg neben der Firma Haberkorn ein. Direkt dahinter lag ein kleines Wäldchen, das sich bis zum Fluss hinunterzog. Nach hundert Metern machte der Feldweg eine Rechtsbiegung und dann waren sie endlich am Elsbach. Große Holundersträuche säumten hier das Ufer, Mückenschwärme tanzten im Sonnenlicht über dem Wasser und eine einsame Ente paddelte über den Fluss. Ab und zu steckte sie das Köpfchen unter Wasser und reckte dabei den Hintern in die Luft.

An dieser Stelle führte eine Brücke auf die andere Seite des Elsbachs, wo sich die Felder erstreckten, auf die die Bauern nicht verzichten wollten. Kleine, windgebeugte Hecken und lange, asphaltierte Wege markierten die Feldgrenzen. Gegenüber ratterte ein großer roter Trecker das Feld hoch und runter und zog dabei einen Pflug hinter sich her.

Die Kinder schoben ihre Räder in die Büsche und gingen dann zu Fuß weiter. Direkt am Fluss konnten sie nicht laufen, da hier alles mit Gestrüpp und Brombeersträuchern zugewuchert war. So schlugen sie sich eine ganze Weile durch das Dickicht, bis sie in die Nähe der Stelle gelangten, an der ihnen die toten Fische entgegengekommen waren.

»Am besten fangen wir hier an«, entschied Lennart. »Und dann gehen wir bis zur Brücke zurück oder noch ein Stück weiter. Wie viele Flaschen haben wir eigentlich dabei? Ich hab nur eine.« Er hielt seine Wasserflasche hoch.

Sein Bruder schüttelte bedauernd den Kopf. »Fehlanzeige. Hab nix dabei.«

Pauline und Flora kramten in ihren Rucksäcken und förderten zwei weitere Trinkflaschen zutage. Auch Ben steuerte seine Wasserflasche bei.

»Vier müssen reichen«, sagte Pauline und band eine Schnur an ihrer Flasche fest, um sie daran ins Wasser zu lassen. »Wie markieren wir die Stelle am besten? Wir müssen ja nachher die Proben den Fundorten zuordnen können.«

»Ganz einfach, wir werfen an der Stelle einen Ast ins Wasser«, schlug Ben vor und lachte sich kaputt, als Pauline ihn völlig entgeistert anstarrte.

»Megawitzig«, sagte Flora und verdrehte die Augen. »Habt ihr ein Glück, dass ich gerade im Häkelwahn bin.« Sie zauberte ein dickes gelbes Wollknäuel aus ihrem Rucksack hervor und hielt es Pauline unter die Nase. »Was hältst du davon? Das könnten wir da an die Äste binden, wo wir das Wasser rausholen. An der ersten Stelle ein Band, an der zweiten zwei Bänder und so weiter und das Gleiche machen wir mit den Flaschen, dann können wir die Ergebnisse später ganz einfach zuordnen.«

»Guter Plan«, mischte sich Lennart ein und nahm Flora die Wolle aus der Hand.

»Aber nicht alles verbrauchen«, warnte Ben. »Das werden die Streifen für meine Mütze!«

»Genau, Oma Greta und Mama haben auch schon eine und ihr kommt auch noch dran«, kicherte Flora.

»Machst du mir eine mit knallgrünen Streifen?«, fragte Lennart. »So eine Grüne Piraten-Mütze wär doch cool!«

Pauline hielt sich mit einer Hand an einem dicken Ast fest und beugte sich über das Wasser. Mit der anderen zog sie die Flasche über den Boden, damit auch etwas von dem Flussschlamm in den Behälter rutschte. An einen Strauch am Ufer hatte Flora schon einen gelben Faden gebunden. So

arbeiteten sie sich weiter der Strömung entgegen nach oben, bis sie wieder in die Nähe der Brücke kamen.

Plötzlich wurden sie von lautem Geknatter unterbrochen. Vorsichtig spähten die Kinder aus dem Gebüsch. Mitten auf der Brücke hielt ein Mofa mit Anhänger und ein junger Mann mit weißem T-Shirt stieg ab, ohne den Motor auszuschalten, sodass der Auspuff weiter vor sich hin pötterte. Er zog den Motorradhelm vom Kopf, hängte ihn an den Lenker und fuhr sich mit der Hand durch die strubbeligen, kurzen Haare. Nach einem prüfenden Blick in alle Richtungen ballte er seine Hände zu Fäusten und betrachtete bewundernd seine Oberarmmuskeln.

Pauline und Flora kicherten. »Mann, ist der schön!«

Ben verzog das Gesicht. »Na ja, wie Cristiano Ronaldo sieht der nicht gerade aus.«

»Seid still«, zischte Jannik, »sonst bemerkt der Typ uns noch.«

Jetzt hievte der junge Mann eine Styroporwanne aus dem kleinen Anhänger und wuchtete sie aufs Brückengeländer. Er nahm den Deckel ab und ließ ihn hinter sich fallen.

»Ob die Fische Pizza bestellt haben?«, witzelte Lennart leise.

»Nein, sie kriegen Gesellschaft, guckt mal!« Jannik und die anderen staunten nicht schlecht, als der Mann den Inhalt der Wanne in den Fluss kippte. Mit einem Schwung

Wasser schüttete er einen Haufen Fische in den Elsbach. Die zuckenden silbernen Leiber glitzerten in der Sonne, als sie ins Wasser platschten.

»Was wird das jetzt?!« Ben guckte dem Fischwerfer irritiert zu.

»Der füllt den Fischvorrat im Elsbach wieder auf«, flüsterte Pauline. »Wahrscheinlich will der Bürgermeister hier morgen ein paar lebende Exemplare präsentieren.«

Der junge Mann ging zum Anhänger und holte noch eine zweite Wanne. Dann wiederholte sich das Schauspiel und erneut landeten silbern glänzende Fische im Fluss. Danach warf er die Kisten in den Anhänger, hängte sich den Helm dekorativ über den Unterarm und stieg aufs Mofa.

Lennart sprang auf »Das stinkt doch zum Himmel! Los, den müssen wir verfolgen!«

»Ich komm mit!«, rief Ben und schnappte sich sein Rad.

»Ich kann aber nicht so schnell wie ein Mofa fahren«, jammerte Jannik.

»Kein Problem, Bruderherz!« Lennart trat in die Pedalen seines schwarzen BMX-Rads. »Wir treffen uns nachher bei Miranda!«

Und weg waren die zwei.

»Kommt, wir holen noch die restlichen Wasserproben. Nummer drei nehmen wir hier unter der Brücke und dann gehen wir mal da hinten rüber, da, wo die Betonwand am

Ufer so hoch ist.« Pauline schnappte sich Wolle und Flaschen.

Als Jannik, Pauline und Flora ein Stück weiter flussaufwärts gegangen waren, wurde die Uferböschung noch dichter, sodass sie sich nur mit Mühe bis zum Wasser durchkämpfen konnten. Dornige Äste zerkratzten ihnen Arme und Beine.

Plötzlich blieb Jannik abrupt stehen. »Fiona!«, rief er. »Sie ist weg!« Vorsichtig durchsuchte er alle Taschen, aber die kleine Ratte war nicht aufzufinden. »Sie war doch eben da! Wo ist sie nur?!« Unglücklich drehte er sich um die eigene Achse und blickte sich suchend um. »Fiona! Wo bist du?!«

Die beiden Mädchen sahen sich an. »Erst die Probe, dann die Ratte«, entschied Pauline und so arbeiteten sich die zwei weiter durchs Gestrüpp.

»AAAHHH! Hilfe!!«

Pauline und Flora erschraken fast zu Tode, als sie Janniks Schrei hörten. Sie drehten sich um, aber Jannik war wie vom Erdboden verschluckt!

Eine neue Fährte

»Jannik?! Wo bist du?« Die beiden Mädchen stürzten durch die Büsche zurück zu der Stelle, an der ihr Freund eben noch gestanden hatte.

»Hier«, kam ein dumpfes Wimmern irgendwo aus dem Gestrüpp vor ihnen.

Vorsichtig tasteten sich Pauline und Flora Schritt für Schritt weiter. »Jannik, sag noch mal was!«

»Was soll ich denn sagen? ... Ich bin irgendwo reingefallen. Mein Hintern tut weh und meine Nase ist bestimmt gebrochen, ich bin irgendwo entlanggeschrammt. Und dunkel ist es hier, aber von oben kommt ein bisschen Licht. Achtung, jetzt kommt das Gute –«

»– und das bin ich!« Paulines grinsendes Gesicht schob sich über Jannik in die Öffnung.

Jannik lachte erleichtert, als er seine Freundin sah. »Guckt mal, Fiona war tatsächlich auch hier unten.« Er stellte sich auf die Zehenspitzen und streckte die kleine Ratte zu Pauline nach oben. »Zum Glück bin ich nicht auf sie draufgefallen, sonst hätte ich jetzt eine platte Ratte.«

Kichernd hielt Pauline ihren Arm in den Schacht und nahm Fiona in Empfang. Dann zogen die beiden Mädchen mit vereinten Kräften den nicht ganz leichten Jannik aus der Grube.

»Mann, Jannik«, stöhnte Flora. »Du bekommst nachher aber keine Schokokekse mehr bei Miranda.«

»Dabei hätte ich die jetzt echt verdient!« Jannik plumpste erschöpft auf den Boden. »Warum muss das nur immer mir passieren«, stöhnte er. Fiona schlüpfte aus Paulines Tasche, raste schnell zu Jannik hinüber und verschwand in seiner Jacke.

»Was war das denn eigentlich für ein Loch, in dem du da verschwunden bist?«, fragte Flora und schob sich neugierig an den Rand heran.

»Keine Ahnung.« Jannik zuckte mit den Schultern. »Auf jeden Fall war es tief und hart.« Er rieb sich über die schmerzenden Stellen an seinen Beinen.

»Es sieht aus wie ein Schacht«, berichtete Flora mit Blick in die Öffnung. »Und hier sind noch die Reste von einer Holzabdeckung, aber total vermodert. Du hättest übrigens auch bequemer runterkommen können, da sind Metallstufen in der Wand.«

»Ok, nächstes Mal gucke ich genauer hin, bevor ich irgendwo reinfalle«, kicherte Jannik.

Pauline zog ihren Freund hoch. »Komm, lass uns jetzt

noch schnell die letzte Probe nehmen und dann liefern wir die Flaschen gleich bei Miranda ab.«

»Guter Plan«, stimmte Flora ihr zu. »Ich muss noch mit Ben bei Oma Greta den Stockbrotteig abholen und unsere Schlafklamotten brauchen wir auch noch.«

Schnell packten die drei alles zusammen, nahmen die letzte Wasserprobe und machten sich auf den Rückweg. Sie freuten sich schon auf heute Abend, auf Würstchen, Lagerfeuer und auf die Übernachtung im alten Wohnwagen. Da konnten sie ungestört bis tief in die Nacht Pläne schmieden, wie und wo sie Campino finden wollten und wie sie Miranda helfen konnten, den Elsbach aus seinem Betonbett zu befreien. Und sie mussten überlegen, wer wohl der Giftmischer von Bieberheim sein könnte!

Ben und Lennart hatten den Mofafahrer im Gewerbegebiet aus den Augen verloren. Lennart war davon überzeugt, dass das Mofo frisiert war, von einem normalen Mofa hätte er sich natürlich *niemals* abhängen lassen. Also gab es hier keine neue Spur. Aber Miranda hatte versprochen, die Wasserproben bis morgen zu analysieren. Nach diesem aufregenden Tag waren alle so müde, dass sie sich nach dem Grillen sofort in ihre Schlafsäcke rollten und einschliefen.

»Aufstehen, ihr Schlafmützen!«

Ein lautes Pochen an die Wohnwagentür ließ die Kinder

aufschrecken. Es kam ihnen so vor, als hätten sie nur ein paar Sekunden geschlafen.

»Kommt schon, es gibt Frühstück.« Thomas Ritter, Janniks Vater, steckte den Kopf durch die Tür. »Was ist? Habt ihr keinen Hunger? Ich hab Brötchen geholt.«

»Jaja, wir kommen gleich«, nuschelte Lennart und zog sich den Schlafsack über den Kopf.

Wenig später trotteten sie einer nach dem anderen durch den Garten hinüber zum Haus. Auf der Terrasse stand ein großer, gedeckter Tisch, an dem schon Janniks und Lennarts Eltern auf sie warteten.

Lennart belegte gerade sein Brötchen mit einer dicken Scheibe Salami, als sein Blick auf die Zeitung fiel, die seine Mutter zur Seite gelegt hatte.

»Mama, hast du schon die Zeitung gelesen?«, fragte er. »Steht da was über die Demo gestern in der Fußgängerzone drin?«

»Ja, gleich auf Seite drei. Da ging es ja wohl ganz schön zur Sache, was?« Seine Mutter reichte ihm die Bieberheimer Morgenpost herüber und stand auf. »Thomas und ich müssen noch ein paar Besorgungen machen. Räumt ihr bitte den Tisch ab, wenn ihr fertig seid?«

»Na klar«, versprach Jannik und griff nach einem zweiten Brötchen. »Machen wir. Bis nachher.«

Als die Kinder alleine waren, drängten sich sofort alle

hinter Lennart, um auch einen Blick in die Zeitung zu werfen. Felix Mattes hatte wirklich ein paar spektakuläre Fotos von der Prügelei geschossen.

»He, guckt mal, da ist ja Ben!«, rief Flora und deutete auf einen hellblonden Kopf in der Menschenmenge.

»Das gibt's ja nicht!« Pauline riss Lennart die Zeitung aus der Hand und betrachtete eines der Fotos genauer. Dann knallte sie das Blatt auf den Tisch und grinste zufrieden. »Jetzt haben wir eine Spur! Den da kennen wir doch.«

Die Kinder beugten sich gespannt über das Foto, Jannik erkannte ihn als Erster. »Na klar, das ist doch unser Fischwerfer, der da neben dem Bauern steht!«

Halb verdeckt hinter dem Wortführer der Bauern stand der junge Mann mit Lederjacke und betont coolem Gesichtsausdruck.

»*Bauer Seltmann führte mit seinem Traktor die Gegendemonstration der Landwirte auf dem Marktplatz an. „Wir können auf unsere Felder am Elsbach nicht verzichten“, sagte er der Bieberheimer Morgenpost*«, las Lennart die Bildunterschrift vor.

»Bauer Seltmann! Na, da haben wir doch endlich einen Namen. Und der Fischwerfer ist vielleicht sein Sohn, guckt euch nur die Nasen von den beiden an. Das passt alles prima zusammen«, rief Ben aufgeregt. »Würde mich nicht wundern, wenn wir Campino auf seinem Hof finden.«

»Dann nichts wie los!« Die Kinder sprangen auf und deckten in Windeseile den Tisch ab. Die Adresse und die Lage des Hofes von Bauer Seltmann hatten sie schnell im Internet herausgefunden.

Sie flitzten mit ihren Rädern durch die Straßen von Bieberheim zum Gewerbegebiet und durch das Wäldchen bis zum Elsbach. Dort überquerten sie die kleine Brücke und nahmen einen schmalen, ungepflasterten Weg, der durch frisch gepflügte Felder führte. Hier wurde die Fahrt beschwerlicher, immer wieder rutschten die Räder in die tiefen, matschigen Rillen, die die Treckerreifen hinterlassen hatten.

»Was für ein Mist!«, fluchte Ben. »Wir hätten besser den längeren Weg außen rum über die Straße genommen.«

»Wieso, ist doch prima«, grinste Lennart, der mit seinem BMX-Rad auf der Grasnarbe in der Mitte balancierte und ab und zu einen Sprung in die Rillen und wieder heraus versuchte.

Jannik sah seinem Bruder neidisch nach. Er hatte aufgegeben und schob sein Rad mühsam neben sich her. »Das ist für Fiona viel zu holprig«, erklärte er außer Atem.

»Schon klar, Jannik«, grinste Pauline, die dann aber selber abstieg. Sie schnupperte und rümpfte die Nase. »Puuuh! Hier stinkt's aber heftig!«

In einiger Entfernung zog ein Trecker ein Güllefass übers

Feld und schleuderte im hohen Bogen Gülle auf die Erde.

»Macht die Kuh viel Kuhfladen, wird der Bauer viel Getreide haben und macht das Schwein Pipi dazu, sprießt das Korn im Nu«, dichtete Lennart übermütig.

»Kenn ich gar nicht, ist das 'ne alte Bauernregel?«, fragte sein Bruder und musterte ihn zweifelnd.

»Nö, ist 'ne neue Lennartregel.«

Bald tauchte in der Ferne ein kleines Wäldchen inmitten der Felder auf.

»Das muss der Hof sein«, meinte Flora. »Am besten

lassen wir unsere Räder bei den Bäumen stehen und gehen dann zu Fuß weiter.«

Als alle Räder sicher im Gebüsch versteckt waren, sahen sich die Kinder unentschlossen an.

»Wie sieht unser Plan aus?«, fragte Ben »Gehen wir einfach auf den Hof und fragen nach Campino?«

»Super Idee, Ben. Entschuldigen Sie, haben Sie zufällig Mirandas Hund entführt und sie dann erpresst?«, flötete Lennart mit verstellter Stimme.

»Idiot«, brummte Ben und boxte seinen Freund in die Seite. »So meinte ich das nicht ...«

Pauline schüttelte den Kopf. »Wenn der Seltmann wirklich der Entführer ist, dann vergiftet er bestimmt auch den Fluss und dann ist mit dem nicht zu spaßen. Ich bin dafür, wir schleichen uns von hinten an den Hof und sehen uns unauffällig um.«

»So wie der bei der Demonstration drauf war, möchte ich dem lieber nicht begegnen!« Flora schüttelte sich. »Der macht Hackfleisch aus uns!«

Also pirschten sie sich durch das kleine Wäldchen hinter dem Hof an. Die Baumwipfel über ihnen rauschten im Wind und hin und wieder knarrten die Äste der großen, alten Bäume, sonst war nichts zu hören. Vor ihnen tauchte die verblichene Holzwand einer Scheune auf. Rostiges Werkzeug lag verstreut herum und ein ausrangierter Pflug stand vor der Wand. Vorsichtig schoben sich die Freunde näher heran. Ben machte den anderen ein Zeichen stehenzubleiben und zeigte auf eine Lücke in der morschen Bretterwand. Er kletterte auf den wackeligen Pflug und linste ins Innere der Scheune, aber außer Strohbergen, Heuballen und einem riesigen Traktor konnte er nicht viel erkennen. Gerade wollte er wieder heruntersteigen, als er in der Ecke etwas Rotes aufblitzen sah. Und das kannte er!

»Leute, ihr glaubt nicht, was ich sehe …«, flüsterte er.

Auf dem Bauernhof

Flora, Pauline, Jannik und Lennart sahen Ben erwartungsvoll an.

»Jetzt mach's doch nicht so spannend«, maulte Flora. »Ist Campino da drin?«

»Der hätte doch schon längst gebellt«, meinte Jannik.

»Nein, es ist .... AAAAAH!« Das Holzstück, an dem Ben sich festgehalten hatte, löste sich und der Junge segelte rückwärts vom Pflug. »Aua, so ein Mist!«, fluchte er, als er sich wieder aufrappelte.

»Alles ok?«, fragte Flora ihren Bruder besorgt.

»Also einen Preis für das leiseste Anschleichen bekommen wir jedenfalls nicht«, witzelte Lennart.

»Was hast du denn nun gesehen?«, fragte Pauline ungeduldig.

»Das Moped von unserem Freund, dem Fischwerfer!«, verkündete Ben. »Wir sind also auf der richtigen Spur! Jetzt müssen wir nur noch Campino finden.«

Die Freunde schlichen weiter an der Scheunenseite entlang, bis sie den ganzen Hof gut im Blick hatten. Um einen rechteckigen, asphaltierten Platz herum lagen verschiedene Gebäude, Stallungen und Schuppen. Rechts von ihnen stand ein großes Wohnhaus mit grünen Klappläden und üppig bepflanzten Blumenkästen vor den Fenstern. Direkt gegenüber führte ein breites Tor auf eine Straße. Plötzlich öffnete sich die Tür des Wohnhauses und eine kleine, rundliche Frau in grünen Cordhosen und rotem Flanellhemd stiefelte auf den Platz. In den Händen trug sie eine Schüssel, mit der sie auf den kleineren Schuppen rechts vom Tor zusteuerte. Die Kinder schnappten aufgeregt nach Luft, als sie ein Jaulen und Bellen hinter der Tür hörten, in der die Bäuerin verschwand.

»Ich werd verrückt!«, flüsterte Jannik. »Das ist Campino! Los, wir holen ihn da raus.«

Lennart hielt seinen Bruder am Arm fest. »Warte! Wir können nicht einfach über den Platz laufen, die Frau ist doch noch in dem Schuppen! Und wer weiß, wer hier noch alles auf dem Hof unterwegs ist.«

»Er hat recht, Jannik …« Weiter kam Pauline nicht, denn plötzlich tauchte hinter ihnen wild schnatternd und flügelschlagend ein weiß gefiedertes Monstrum auf und stürzte sich fauchend auf die Kinder. Panisch sprangen sie auf und rannten los.

»Hier rein«, rief Ben, riss das Scheunentor auf und schubste seine Freunde in die Dunkelheit. Dann zog er das

Tor zu, gerade noch rechtzeitig, denn im gleichen Moment kam die Bäuerin wieder aus dem Schuppen heraus.

»Marga, was ist los? Was schreist du denn so?«, rief sie der aufgeregten Gans zu, die zum Glück nicht antworten konnte und jetzt vor der Scheune auf und ab watschelte. Die Bäuerin schaute sich suchend um, aber da sie nichts Ungewöhnliches entdecken konnte, stieg sie kopfschüttelnd die kleine Treppe zum Wohnhaus hoch.

Durch die Spalte zwischen den Brettern konnten die Kinder die Frau beobachten und atmeten erleichtert auf, als sie im Haus verschwunden war. Aber kurz darauf fuhren nacheinander drei Autos auf den Hof. Aus dem ersten stieg Bauer Seltmann, die beiden Männer in den anderen Wagen kannten die Kinder nicht. Der Fischwerfer war jedenfalls nicht dabei. Mist! Wie sollten sie jetzt bloß aus der Scheune entkommen?! Über den Innenhof konnten sie auf jeden Fall nicht mehr abhauen! Hektisch sahen die Kinder sich um. Unzählige Staubkörnchen schwebten im Sonnenlicht, das durch ein kleines Dachfenster fiel. Hinter dem Scheunentor parkten zwei Traktoren und ein Anhänger und natürlich das rote Mofa des Fischwerfers. Ansonsten war die Scheune bis an den Rand mit Stroh- und Heuballen vollgestopft.

Jannik entdeckte als Erster die kleine Luke hoch über ihnen auf dem Heuboden. Und neben dem roten Moped lehnte eine lange Holzleiter, das war doch genau das, was sie brauchten! Erleichtert flitzten die Kinder um Traktor und Strohballen herum und kletterten einer nach dem anderen die wackelige Leiter hinauf. Oben tasteten sie sich vorsichtig durch das piksende Heu über den knarrenden Holzboden zur Luke vor. So ganz trauten sie der Tragfähigkeit der alten Holzbohlen nicht.

Pauline stieß die Holztür der kleinen Luke auf. Unter ihnen breitete sich das Wäldchen aus, durch das sie gekommen waren. *Ziemlich* weit unter ihnen! Bei dem Anblick wurde sie blass um die Nase. »Das ist aber verdammt hoch«, flüsterte sie. »Da können wir nicht runterspringen, ohne uns sämtliche Knochen zu brechen!«

Während Pauline und die drei Jungs noch beratschlagten, ob sie besser wieder nach unten gehen sollten, kam Flora endlich oben an. »Was man in einer Scheune nicht so alles findet«, sagte sie grinsend und hielt ein dickes Seil hoch.

»Super, Flora.« Ben nahm seiner Schwester das lange Seil aus der Hand und knotete es an einen tragenden Dachbalken. Mit aller Kraft zog er es fest. »Das hält. Los, Flora, du zuerst.«

An dem Seil konnten sie sich langsam einer nach dem anderen herunterhangeln. Ben kletterte als Letzter durch die Luke, hielt sich am Seil fest und stieß sich mit den Füßen an der Scheunenwand ab, um sich wie Tarzan an der Liane hinabzuschwingen.

Eine Stunde später saßen die Kinder in Mirandas kleiner Kajüte um den Küchentisch. Ernie und Bert lagen draußen auf der Fensterbank und nahmen ein Sonnenbad.

»Und ihr seid sicher, dass es Campino war, der in der Scheune gebellt hat?«, fragte Miranda zweifelnd, nachdem die Kinder ihr aufgeregt von ihrer Entdeckung erzählt hatten.

»Aber klar!«, sagte Jannik im Brustton der Überzeugung. »Campinos Bellen würde ich unter tausend Hunden heraushören!«

»Er lebt, Gott sei Dank! Ich hatte schon das Schlimmste befürchtet«, murmelte Miranda und ein seliges Lächeln breitete sich auf ihrem Gesicht aus. »Ich bin so froh. Allerdings hätte ich Bauer Seltmann nicht zugetraut, dass er so ein krummes Ding dreht. Der macht zwar immer einen ziemlich raubeinigen Eindruck, aber ich dachte, der wäre in Ordnung.« Sie schüttelte traurig den Kopf. »So kann man sich täuschen. Aber Hauptsache, ich habe Campino bald wieder!«

Pauline beugte sich über das grün-weiß karierte Tischtuch. »Sag mal, Miranda, was ist eigentlich mit den Wasserproben? Konntest du die schon untersuchen?«

Miranda nickte und verschwand kurz nebenan in ihrem kleinen Labor. Als sie zurückkam, wedelte sie mit ein paar Zetteln. »Ich habe neben Spuren von Kupfer vor allem Kaliumdichromat, Ammoniumnitrat, Calciumnitrat und verschiedene Phosphate gefunden, eine ziemlich giftige Mischung.« Ihre Stimme klang ernst. »Bei der toxikologischen Untersuchung des toten Fisches – dabei handelte es sich übrigens um ein Rotauge –, habe ich die gleichen Stoffe gefunden. Die höchste Dosis war in der Flasche mit den vier Bändern. Wo habt ihr diese Probe entnommen?«

»Daran kann ich mich noch genau erinnern«, Flora musste grinsen, »denn kurz bevor wir die letzte Probe genommen haben, ist Jannik in den Schacht geplumpst.«

Bei dem Gedanken an den unsanften Aufprall verzog Jannik das Gesicht.

»Und? Hast du eine Idee, woher diese Stoffe kommen könnten?«, fragte Lennart gespannt.

Miranda sah nach draußen aufs Wasser. »Darüber habe

ich mir natürlich Gedanken gemacht. Einige der Stoffe sind in Gülle enthalten, damit werden die Felder gedüngt. Das habt ihr doch bestimmt auch schon mal gerochen ...«

»Klar, gerade eben noch, puh!« Pauline schüttelte sich in Erinnerung an den Gestank. »Aber die Bauern dürfen den Mist doch nicht einfach in den Fluss kippen, oder?!«

»Nein, das ist verboten, aber auf den Höfen mit Viehzucht oder Milchviehhaltung fällt natürlich jede Menge Gülle an«, gab Miranda zu bedenken.

»Und zwar täglich aufs Neue«, grinste Ben. »Da könnte es doch sein, dass manche Bauern vielleicht ab und zu mal heimlich Gülle in den Fluss laufen lassen? Merkt doch keiner ...«

»Keine vorschnellen Urteile«, mahnte Miranda. »Da das Gewerbegebiet ziemlich nah am Elsbach liegt, könnte die Ursache vielleicht auch hier liegen. Wir müssten in Erfahrung bringen, was genau die einzelnen Firmen produzieren, vielleicht bekommen wir so einen Anhaltspunkt?«

»Ich übernehme HAPPY CHIPS!« Jannik strahlte.

Sein Bruder grinste. »Auf dem Gebiet ist er ganz klar Experte.«

»Aber vorher müssen wir noch zum Hof zurück und Campino befreien!«, sagte Jannik entschlossen. »Das werden wir doch wohl irgendwie hinkriegen!«

»Gute Idee«, pflichtete Pauline ihm bei. »Ich komme mit!«

Lennart sprang auf. »Ich auch! Und bei der Gelegenheit gucken wir uns noch mal bei Bauer Seltmann um. Vielleicht hat der ja irgendwo im Gebüsch eine Gülle-Pipeline zum Fluss gelegt?!«

Ben rutschte über die Küchenbank. »Zu fünft sollten wir besser nicht noch mal bei dem Bauern auftauchen, viel zu auffällig. Ich gucke mir in der Zeit mit Flora diesen Schacht an. Wenn der genau an der Stelle liegt, wo am meisten Gift im Wasser war, dann ist das bestimmt kein Zufall.«

Flora schluckte, sie wäre gerne bei der Befreiungsaktion dabei gewesen. Aber Ben hatte recht. »Miranda, kannst du uns vielleicht Taschenlampen leihen? Wer weiß, was da unten so alles herumkrabbelt.«

Diesmal nahmen Pauline, Jannik und Lennart den Umweg über die Straße und versteckten die Räder wie beim letzten Mal in dem kleinen Wäldchen hinter dem Hof.

Geduckt pirschten sie sich an Bauer Seltmanns Hof heran und pressten sich hinter dem verrosteten Pflug an die Bretterwand der Scheune.

»Hoffentlich treffen wir nicht wieder auf Marga!«, flüsterte Jannik. »Die hat bestimmt einen ziemlich harten Schnabel!«

»Bloß nicht! Die machte echt nicht den Eindruck, als ob sie mit uns kuscheln wollte. Deshalb ab jetzt – Ruhe!« Pauline legte einen Finger an den Mund.

Jetzt konnten sie einen Blick auf den Innenhof werfen. Zum Glück war von der fauchenden Gans nichts zu sehen. Nur ein paar schwarz-grünliche Haufen ließen darauf schließen, dass Marga sich hier irgendwo herumtrieb. Plötzlich wurde eine Tür zugeschlagen und Schritte schlurften näher. War das nicht der Fischwerfer von der Brücke?! Tatsächlich! Er stapfte in Gummistiefeln und mit gesenktem Kopf über den Hof. Schnell zogen sich die drei hinter die Scheune zurück. Sie hörten, wie der junge Mann das Scheunentor aufzog und sich dort an seinem Mofa zu schaffen machte. Das Geknatter des Motors erklang, wurde kurz lauter und entfernte sich dann schnell.

»Schon mal einer weniger!«, flüsterte Jannik erleichtert. »Wenn die Luft rein ist, rennen wir zum Schuppen rüber, holen Campino da raus und hauen ab!«

Die anderen beiden nickten entschlossen.

»Ok, dann los!« Lennart stand auf und lugte vorsichtig um die Ecke der Scheune. Er gab seinen Freuden ein Zeichen, ihm zu folgen. In der Ferne war das Rattern eines Treckers zu hören. Hoffentlich saß Bauer Seltmann da drauf und fuhr ganz, ganz weit weg!

Das Herz schlug ihnen bis zum Hals, als sie am Wohnhaus unter den blühenden Geranien vorbeischlichen. Der Weg zum Schuppen kam ihnen unendlich lang vor. Das laute Schrillen eines Telefons gellte über den Hof und ließ die drei erstarren. Es klingelte vier Mal, dann war wieder Ruhe. Und weiter, gleich hatten sie es geschafft ...

Sie konnten ihr Glück kaum fassen, als sie die grüne Tür erreicht hatten, ohne entdeckt worden zu sein! Mit zitternden Fingern schob Jannik den Holzriegel hoch und zog die schwere Tür auf, die dabei ein lautes, ächzendes Geräusch von sich gab. Drinnen schlug sofort ein Hund an und bellte wie verrückt! Die Kinder sprangen in den dunklen Raum und zerrten eilig das Tor hinter sich zu. Nur durch ein kleines Giebelfenster fiel noch ein wenig Licht herein. Mit klopfendem Herzen standen die Kinder da und versuchten, sich im Dämmerlicht zu orientieren.

»Campino!«, raunte Jannik. »Ruhig, ruhig, wir sind es, wir befreien dich!«

Aber als sich ihre Augen an das schummrige Licht gewöhnt hatten, konnten sie es nicht fassen – der Hund vor ihnen war überhaupt nicht Campino! Umgeben von aufeinander gestapelten Strohballen lag eine schwarz-weiß gescheckte Hündin auf einer karierten Decke und um sie herum wuselten drei kleine Hundebabys! Jannik hätte vor Wut am liebsten geheult! Dabei war er sich doch so sicher gewesen, dass er Campinos Bellen erkannt hatte!

»Oh, sind die süß!« Pauline konnte trotz ihrer Enttäuschung nicht anders und kniete sich auf den Boden, um die fiependen Welpen zu betrachten.

In diesem Moment wurde das Tor aufgerissen und eine massige Gestalt erschien im Eingang. »He, ihr Rotzlöffel! Was habt ihr hier zu suchen?! RAUSS HIER, ABER SCHNELL! WIRD'S BALD?!« Bauer Seltmann brüllte so laut, dass Jannik vor Schreck fast ohnmächtig geworden wäre. »Was ihr hier zu suchen habt, will ich wissen!«

Eine zweite, kleinere Person trat neben den Bauern und

schob ihn zur Seite. »Was ist denn hier los? Himmel noch mal, Hermann, was schreist du denn so? Die arme Ronja braucht Ruhe und die Kleinen ... Huch, wen haben wir denn da?« Sie zog die Schuppentür komplett auf, sodass die Kinder geblendet ins Helle blinzelten.

»Unser Hund ist weggelaufen«, improvisierte Pauline und schniefte geräuschvoll. »Und ... und wir haben das Bellen gehört und dachten, dass es unser Wuschel ist.«

Die Bäuerin legte Pauline tröstend den Arm um die Schultern. »Ach, das tut mir aber leid, ist euer Hund schon lange weg?«

Jannik nickte mit unglücklicher Miene.

»Also, jetzt kommt erst mal mit ins Haus rüber. Ich mach

euch einen heißen Kakao und dann erzählt ihr mir von eurem Wuschel.« Frau Seltmann bugsierte die drei an ihrem immer noch wutschnaubenden Mann vorbei über den Hof und ging mit ihnen ins Haus. Sie schob die Kinder auf eine lange Eckbank im Wohnzimmer und ging in die Küche, um den Kakao zu kochen.

Der Schock von Bauer Seltmanns Gebrüll saß den Freunden noch in den Knochen. Verstohlen sahen sie sich um. Von drinnen konnte man die blühende rosarote Geranienpracht vor dem Fenster sehen. Im hinteren Teil des Zimmers standen ein Fernseher, zwei dunkelgrüne Sessel und ein Ecksofa. Neben ihnen an der Wand hingen einige Fotos, die Bauer Seltmann in jungen Jahren zeigten und dazwischen Bilder mit kleinen Kindern, die langsam älter wurden, von der Einschulung bis zur Kommunion, sogar ein Hochzeitsfoto war dabei.

»Unsere Mädchen«, erklärte Frau Seltmann mit Blick auf die Fotos, während sie drei dampfende Tassen auf dem Tisch abstellte. Sie setzte sich auf einen Stuhl und seufzte. »Claudia, unsere Jüngste, studiert in Köln, sie will Grundschullehrerin werden und Beate lebt in Amerika, sie hat dort geheiratet. Tja, das ist so weit weg, wir sehen sie viel zu selten. Wir hatten ja gehofft, eine von ihnen würde mal den Hof übernehmen, aber sie wollten nicht. Es ist viel harte Arbeit und wir verdienen immer weniger.«

Pauline räusperte sich. »Was ist denn mit Ihrem Sohn, will der kein Bauer werden?«

Frau Seltmann sah sie überrascht an. »Ich habe gar keinen Sohn, nur meine beiden Töchter.«

»Aber wir dachten, der junge Mann mit dem Mofa ...«

»Nein, nein.« Frau Seltmann lächelte belustigt. »Das ist Tom Rauke, der wohnt hier zur Untermiete. Er arbeitet drüben im Gewerbegebiet, aber trotzdem hilft er uns oft auf dem Feld.« Sie legte die Stirn in Falten. »Er ist ein netter Junge, nur momentan bringt er meinen Hermann auf dumme Gedanken, das gefällt mir gar nicht.«

Die Kinder warfen sich verstohlene Blicke zu.

»Wie meinen Sie das?«, fragte Jannik, während er vorsichtig eine Hand auf seine Hemdtasche legte, damit Fiona bloß nicht ihr Köpfchen herausstreckte. Bauern hatten bestimmt kein Herz für Ratten, auch wenn Frau Seltmann einen ziemlich netten Eindruck machte.

»Tom hat zu Hermann gesagt, er soll sich auf keinen Fall seine Felder wegnehmen lassen, der Fluss müsste so bleiben, wie er ist. Er meint, die Umweltschützer wären alle Spinner. Da trifft er bei meinem Hermann leider auf offene Ohren. Die anderen Bauern hat Tom damit auch schon aufgewiegelt. Die sind sogar mit den Treckern in die Fußgängerzone gefahren!« Frau Seltmann schüttelte verständnislos den Kopf. »Ich versteh die ganze Aufregung nicht.

Früher sah der Elsbach eigentlich viel schöner aus, aber das kennt ihr gar nicht mehr. Wartet mal ...« Sie schob ihren Stuhl zurück und ging zu einem alten Küchenbuffet, das mit kunstvollen Schnitzereien verziert war. Aus einer Schublade zog die Bauersfrau eine Mappe mit alten Fotos, Zeitungsausschnitten und vergilbten Urkunden hervor. Ein paar der Fotos nahm sie heraus und breitete sie auf dem Tisch aus. »Das ist der Elsbach, wie er früher aussah.«

Die Kinder beugten sich interessiert darüber. Zwei kleine Mädchen hielten eine Angel ins Wasser. Auf einem anderen Foto sah man einen kleinen Sandstrand, an dem die beiden Mädchen herumsprangen.

»Moment mal! Was ist das denn?« Pauline griff nach einem Zeitungsausschnitt, der aus der Mappe gerutscht war. Gebannt starrte sie auf das vergilbte Schwarz-Weiß-Foto. »Guckt euch das an! Jetzt ist ja wohl klar, wie das Gift in den Elsbach kommt!«

Unterirdische Gänge

Zur gleichen Zeit tuckerten Ben und Flora mit dem Schlauchboot den Elsbach hoch. Inzwischen konnte Ben den Motor bedienen, als würde er seit Jahren nichts anderes machen. Flora saß im Bug und hielt nach toten Fischen Ausschau, bisher waren aber zum Glück alle Exemplare, die sie entdecken konnte, sehr lebendig.

»Dahinten kommt die Brücke.« Flora zeigte aufgeregt nach vorne. »Fahr mal ein bisschen näher am Ufer entlang. Hier haben wir irgendwo die Fäden an den Strauch gebunden.«

Bald hatte Flora die vier gelben Wollfäden im Gestrüpp entdeckt und die Geschwister suchten einen Anlegeplatz, wo sie das Boot sicher vertäuen konnten.

»Dann mal los«, sagte Ben und kämpfte sich durch die Sträucher, die hier direkt am Ufer wuchsen. Flora folgte ihrem Bruder. Dichtes Gestrüpp, Brennnesseln und Brombeerranken bedeckten den Boden.

»Da habt ihr euch aber eine dämliche Stelle ausgesucht, um die Probe zu nehmen. Hier kommt man ja kaum durch«, maulte Ben und klopfte sich Äste und Gräser von den Klamotten, die daran hängengeblieben waren.

»Vielleicht hat das ja auch seinen Grund«, entgegnete Flora.

Ben sah seine Schwester fragend an, aber die hatte sich schon wieder auf den Weg gemacht. »Hier geht's lang«, sagte sie und winkte Ben, ihr zu folgen. »Hier haben Pauline und ich nach Jannik gesucht, als er plötzlich verschwun–AAAAHHH!« Hilflos ruderte Flora mit den Armen in der Luft und versuchte das Gleichgewicht zu halten. Ben konnte sie gerade noch am Arm packen und zurückziehen, bevor sie in den Abgrund stürzte.

»Ich bin so doof!« Flora musste über sich selber lachen, obwohl sie vor Schreck ganz weiche Knie hatte. »Ich wusste doch, dass es hier irgendwo ist ...«

»Mensch! Du musst besser aufpassen, sonst nehme ich dich zu solchen Aktionen nicht mehr mit!«, sagte Ben sauer.

Flora funkelte ihn an. »Achja?! Meint der Herr Bruder etwa, dass er über mich bestimmen kann? Bild dir bloß nichts ein, nur weil du drei Jahre älter bist. Du hast mir gar nichts zu sagen!« Wütend stand Flora auf und schwang sich in die Öffnung im Boden, bevor ihr Bruder sie aufhalten konnte. »Und deine Hausaufgaben kannst du demnächst auch alleine machen!«, schallte ihre Stimme dumpf aus dem Schacht.

Ben stöhnte. Seine Schwester war echt zu empfindlich, aber bei den Hausaufgaben konnte er ganz bestimmt nicht auf ihre Hilfe verzichten, er war in der Schule nicht gerade eine Leuchte. »Jetzt beruhig dich mal«, brummte er und schaltete die Taschenlampe ein. Dann beugte er sich über den Schacht und hielt sie hinein. Flora war inzwischen fast auf dem Boden angekommen.

»Sag mal, ist das da eine fette Spinne?«, fragte er hinunter.

»Was? IIIIIHHHH! Wo denn?!«, kreischte Flora und kletterte die Stufen in rasender Geschwindigkeit wieder hinauf.

»Nee, ist nur ein altes Blatt«, meinte Ben grinsend, als das Gesicht seiner Schwester vor ihm auftauchte. Die wurde knallrot im Gesicht. »Du ... du ...«, keuchte sie.

»... Idiot, der nicht mal seine Hausaufgaben alleine machen kann«, ergänzte Ben.

Floras Wut war augenblicklich wie weggewischt. »So hab ich das doch nicht gemeint«, sagte sie. »Aber das mit der Spinne war echt saufies!« Dann musste auch sie grinsen. »Ok, wir sind quitt. Sollen wir denn jetzt mal losgehen? Um sieben müssen wir zuhause sein, sonst macht Oma Greta sich Sorgen.«

Einträchtig machten sich die Geschwister an den Abstieg. Die Stufen in der Wand waren zwar rostig, aber noch ziemlich stabil. Ben sprang als Erster auf den Boden. Abgestorbenes Laub raschelte unter seinen Füßen. Er leuchtete Flora, bis sie auch unten angekommen war, dann sahen sie sich um. Vor ihnen gähnte ein schwarzes Loch.

»Da scheint es noch weiterzugehen«, flüsterte Flora.

»Dann wollen wir doch mal sehen, was uns da drin erwartet«, sagte Ben entschlossen. Er streckte seinen Arm mit der Taschenlampe hinein und schob den Kopf hinterher. Das Loch war gerade breit genug, dass ein Erwachsener sich hindurchzwängen konnte.

Flora wartete ungeduldig, während ihr großer Bruder langsam in dem Durchgang verschwand. Endlich war er auf der anderen Seite. Gespannt ließ er den Leuchtkegel über die umliegenden Wände gleiten. »Das sieht aus wie eine Art Kanal«, rief er zu Flora hinüber. »Und an der Seite ist ein Rohr. Komm rüber.«

Flora schlüpfte jetzt auch durch die Öffnung, was ihr sehr viel leichter fiel, da sie um einiges kleiner war als ihr Bruder. Der Tunnel, in dem sie sich befanden, war nicht besonders hoch. Ben musste sich leicht bücken, damit er nicht mit dem Kopf an die Decke stieß. Flora hatte da keine Probleme. Im Boden war eine Rinne, in der sich Flüssigkeit gesammelt hatte.

Flora verzog das Gesicht. »Ben, meinst du ... das hier ist ein Abwasserkanal?«

Ben zuckte mit den Schultern. »Weiß nicht, kann sein. Aber dafür stinkt es eigentlich zu wenig.«

An der Wand war ein rostrotes Rohr befestigt. Ben leuchtete mit der Taschenlampe daran entlang. »Wo das wohl hinführt?«, fragte er.

»Das werden wir gleich wissen«, sagte Flora entschlossen und stapfte durch die Wasserrinne voran. »Aber eins sag ich dir, wenn eine Ratte kommt, dann springe ich dir auf den Rücken.«

Ben kicherte, hörte aber schlagartig wieder auf, denn das Echo hörte sich hier unten ziemlich schaurig an. Nach ein paar Metern endete der Tunnel plötzlich und sie standen vor einer grauen Wand, in der das rostrote Rohr verschwand.

»Sieh mal einer an«, murmelte Flora.

»Da muss es direkt in den Elsbach gehen«, stellte Ben fest, der die beste Orientierung von ihnen hatte.

»Das heißt doch ...«, Flora drehte sich aufgeregt zu ihrem Bruder um, »das heißt, dass wir den Flussvergifter haben, wenn wir wissen, woher dieses Rohr kommt?!«

Ben nickte grimmig. »Wahrscheinlich kommen wir direkt bei Bauer Seltmann auf dem Hof raus!«

»Oder auch nicht, ich bin echt gespannt.«

Die Geschwister machten kehrt und folgten dem Rohr in die Richtung, aus der sie gekommen waren. Bald kamen sie an dem Loch vorbei, das zurück in den Schacht führte, aber diesmal gingen sie weiter geradeaus. Floras Schuhe waren inzwischen komplett durchnässt. Es war kalt hier unter der Erde und sie war für einen warmen Sommertag gekleidet. Fröstelnd schlang sie die Arme um sich, während sie hinter ihrem Bruder herlief. Der Tunnel schien einen weiten Bogen zu machen, sodass selbst Ben irgendwann nicht mehr wusste, in welche Richtung sie gingen.

Gerade als sie überlegten, ob es nicht besser war, umzukehren und mit ihren Freunden wiederzukommen, knickte das rostrote Rohr vor ihnen nach oben ab und verschwand in

einem Schacht. Ben leuchtete hinauf. Hier gab es ebensolche Metallstufen, wie in dem Schacht am Fluss. Ben schätzte die Höhe auf drei Meter, am Ende war er durch eine Tür verschlossen. Er sah seine Schwester fragend an und die nickte entschlossen. Jetzt waren sie so weit gekommen, da würden sie doch nicht aufgeben!

Ben gab Flora die Taschenlampe und machte sich an den Aufstieg. Oben angekommen, drückte er vorsichtig gegen den Deckel, der sich ohne Widerstand anheben ließ. Der Junge öffnete ihn gerade so weit, dass er die Nase herausstrecken und sich umgucken konnte. Ein Summen und Brummen ertönte um ihn herum. Unzählige Behälter und Kästen stapelten sich an den Wänden, gegenüber standen Stahlregale, die mit Kartons und Werkzeug beladen waren. Links führte ein Durchgang in einen weiteren Raum. Da Ben niemanden entdecken konnte, wurde er mutiger und öffnete den Deckel ganz.

Eine funzelige Glühbirne erhellte den Raum – wenn auch nur sehr dürftig. Er schien in einer Art Keller gelandet zu sein, wo auch immer der sein mochte. Sah so der Keller in einem Bauernhof aus? Eher nicht. Aber andererseits, was wusste er denn schon, wie der Keller von Bauer Seltmann aussah?!

»Hallo?!«, zischte eine Stimme aus dem Schacht. »Hast du mich vergessen? Was ist da oben?«

»Du kannst hochkommen«, flüsterte Ben zu seiner Schwester herunter. »Die Luft ist rein!«

Flora kletterte aus dem Schacht und sah sich um. Das rostrote Rohr, dem sie so lange gefolgt waren, brach neben ihr aus dem Boden, knickte wieder ab und gesellte sich dann zu zwei anderen Rohren, die hinter der Wand verschwanden, in der auch der Durchgang war. Während die Kinder noch grübelten, wo sie wohl gelandet waren, hörten sie plötzlich eine Tür, die sich öffnete und dann wieder ins Schloss fiel. Schritte. Dann Stimmen.

Flora und Ben erstarrten. Als sie sich wieder bewegen konnten, war ihr erster Gedanke, sofort in dem Schacht zu verschwinden, aus dem sie gekommen waren. Doch als sie merkten, dass die Stimmen auf der anderen Seite der Wand blieben, hinter der die Rohre weiterführten, siegte ihre Neugier. Sie schlichen vorsichtig durch den Kellerraum auf den Durchgang zu und schoben sich ganz langsam um die Ecke, um einen Blick in den nächsten Raum werfen zu können. Ein großes Regal versperrte ihnen aber die Sicht. Dafür konnten sie jetzt die Stimmen deutlicher hören.

»Das muss alles sauber ablaufen, hast du verstanden?« Das war die Stimme einer Frau.

»Was denn?«, fragte eine Männerstimme unsicher.

Die Frau stöhnte ungeduldig. »Du verstehst aber auch gar nichts! Hast du die Viecher erledigt?«, fragte sie zickig.

»Die darf keiner finden, kapiert?! Die müssen weg und zwar schnell!«

Flora zuckte zusammen und biss sich auf die Unterlippe, während sie gebannt auf die Antwort wartete.

»Nein ...« Wieder die Männerstimme, zögerlich. »Die sind aber sicher versteckt, ganz hinten im letzten Lagerraum, der wird ja zur Zeit gar nicht benutzt.« Die Stimme machte eine Pause. »Vielleicht kann ich ... Ich hab einen Freund, der würde den Hund nehmen, merkt doch keiner ... dann muss ich ihn nicht töten ...«, stotterte der Mann.

»Idiot! Kein Risiko wegen so einer Flohschleuder. Ist doch nur ein Köter! Du erledigst das morgen!«

»Ja«, sagte die männliche Stimme traurig. »Wenn Sie meinen, der ist aber echt süß ...«

»Ach, Schluss damit!«, unterbrach ihn die Frau. »So, jetzt schau genau hin, deswegen sind wir ja hier. Morgen früh drehst du dieses Rad hier zu. Da haben wir den Besichtigungstermin mit dem Bürgermeister vorne am Fluss und wir wollen doch nicht, dass es gerade dann den armen Fischen schlecht geht, wenn wir alle dort versammelt sind. Hast du das verstanden?«

Ihr Begleiter murmelte etwas Unverständliches.

»Herrgott noch mal! Nein, nicht das untere Rad, sondern das oben links! Das Rote da, das ist doch wohl kaum zu übersehen! Und am besten schickst du noch eine Portion

Fischfutter durch die Klappe, damit sich die Kleinen so richtig wohlfühlen!« Die Frau lachte gackernd über ihren Witz, sodass es von den Wänden widerhallte.

Ben und Flora lief es kalt den Rücken herunter. Sie mussten so schnell wie möglich zurück zu den anderen. Ihnen blieb nur noch ein Tag, um Campino zu befreien!

Erst als sie schon ein ganzes Stück den Tunnel entlanggelaufen waren, blieb Flora so plötzlich stehen, dass Ben gegen sie prallte.

»Mensch, was ist denn?!«, maulte Ben.

»Wir sind doch echt superblöd!«, schimpfte Flora. »Jetzt wissen wir überhaupt nicht, zu wem der Keller gehört. Wir hätten besser noch gewartet und uns ein bisschen umgesehen.«

»Zu spät, das sehen wir dann morgen, wenn wir mit den anderen zurückkommen«, beruhigte Ben seine Schwester. »Erst retten wir Campino und dann verpfeifen wir den Flussvergifter bei der Polizei!«

Ein gewagter Plan

»Ich muss heute einfach noch mal bei Jannik und Lennart übernachten«, bettelte Pauline schon seit geraumer Zeit am Telefon. »Bitte, Papa, sag ja. Morgen ist doch Sonntag!« Endlich legte sie seufzend auf und ging wieder zum Tisch zurück. Alle waren bei Janniks und Lennarts Eltern zum Abendessen versammelt. Ihre Freunde sahen sie erwartungsvoll an. »Ich darf!«, jubelte sie und riss die Arme hoch. Ben und Flora hatten es da einfacher, ihre Mutter hatte gleich zugestimmt, denn sie musste wieder im Spätdienst arbeiten.

Die fünf stopften sich schnell ein paar Brote in den Mund und zogen sich dann eilig in ihr Hauptquartier zurück. Sie hatten einiges zu besprechen! Das Ehepaar Ritter-Vogel schaute den Kindern verwundert hinterher, die mit roten Wangen und glänzenden Augen im Garten verschwanden.

»Also, fassen wir mal zusammen«, eröffnete Pauline die Sitzung, als es sich alle im Wohnwagen mit Kissen und Flips gemütlich gemacht hatten. »Erstens, jemand benutzt den Elsbach zur Giftwasserentsorgung und möchte deswegen nicht, dass er renaturiert wird.«

»Zweitens«, machte Lennart weiter, »ist es *nicht* Bauer Seltmann, wie wir zuerst gedacht hatten. Es waren zwar Spuren von Gülle im Wasser, aber auch jede Menge anderer Giftstoffe, an denen die Fische gestorben sein können. Und der Fischwerfer, der, wie wir inzwischen wissen, Tom Rauke heißt und nicht der Sohn von den Seltmanns ist, arbeitet für jemanden im Gewerbegebiet ...«

»Moment mal! Ob das derselbe ist, den Flora und ich belauscht haben?«, überlegte Ben. »Zu blöd, dass wir noch nicht wissen, in welcher Firma das Rohr endet.«

»Vielleicht finden wir das aber jetzt heraus.« Pauline zog den Zeitungsausschnitt aus ihrem Rucksack, den die Bäuerin ihnen netterweise überlassen hatte. Sie legte ihn auf den Wohnwagentisch und strich das vergilbte Papier glatt. Ein großes Schwarz-Weiß-Foto, das fast über die ganze Seite ging, zeigte eine großräumige Luftaufnahme vom Elsbach. Überall sah es nach Baustelle aus. Betonmischer, Baumaterial und Baustellenfahrzeuge lagen wie hingestreut in der Landschaft. Neben dem natürlichen Flusslauf war ein großes, neues Bett ausgebaggert worden, dessen Wände mit Beton verstärkt wurden. *Endlich ist es so weit – Ein neues Bett für den Elsbach,* lautete die Überschrift in der alten Bieberheimer Morgenpost von 1967. Aber das war nicht das Interessanteste an dem Bild. Ein kleiner Graben zweigte ganz in der Nähe der neuen Brücke vom Elsbach ab und lief quer durch die Felder in einem leichten Bogen auf das damals noch sehr kleine Gewerbegebiet zu. Neben der Grube lagen riesige Betonröhren, die hier noch verlegt werden sollten.

»Das ist ja wohl eindeutig der Tunnel, durch den Ben und ich gelaufen sind«, stellte Flora fest. »Aber welche Firma ist das hier?« Sie deutete mit dem Finger auf die grauen Gebäude, bei denen die Grube endete.

»Es gibt da nur zwei Möglichkeiten«, sagte Jannik. »Hier am Rand des Gewerbegebietes liegen HAPPY CHIPS und diese Firma mit den grünen Trillerpfeifen, wie hießen die noch?«

»Haberkorn Galvanik«, sagte Lennart nachdenklich. »Also ich könnte mir vorstellen, dass hier weitaus giftigere Substanzen anfallen als bei HAPPY CHIPS.«

»Da frag aber mal meine Mutter, die findet Chips *sehr* gefährlich«, stellte Pauline fest. »Total ungesund! Vielleicht ja auch für die Fische?!«

»Also mir schmecken sie«, meinte Jannik. »Besonders die Flips.«

»Davon gibt es aber bald nicht mehr viele. He, Jannik, Fiona ist gleich in der Flipstüte verschwunden«, beschwerte sich Lennart.

Flora verzog angeekelt das Gesicht. »Bäh, die ess ich aber nicht mehr.«

»Macht nichts, ich erbarme mich«, sagte Jannik grinsend

und zog seine Ratte von der HAPPY CHIPS-Tüte weg, bevor er sich eine Handvoll Flips in den Mund steckte.

»Aber die Firma Haberkorn ist doch *für* die Renaturierung und unterstützt die Bürgerinitiative, also kann sie eigentlich nichts mit dem Rohr zu tun haben. Ich tippe auf HAPPY CHIPS«, sagte Flora.

»Hm, ihr habt eine Frau und einen Mann belauscht. Falls der Mann wirklich Tom Rauke war, dann war die Frau bestimmt die Haberkorn«, vermutete Pauline.

Jannik schüttelte den Kopf. »Das kann ja genauso gut auch eine Angestellte von HAPPY CHIPS gewesen sein.«

»Ich sage jedenfalls: Haberkorn. Wer noch? Ich nehme Wetten an.« Lennart sah seine Freunde grinsend an.

»Wir werden es ja morgen sehen, wenn wir Campino da rausholen«, stellte Pauline fest. »Und dann melden wir die Firma der Polizei.«

»Sagt mal, habt ihr eigentlich den Artikel auch *gelesen*?« Lennart zog den Zeitungsausschnitt zu sich herüber. »Wisst ihr, wer das alles gebaut hat? Das neue Elsbachbett und unter Garantie auch den Graben?«

Die anderen sahen ihn erwartungsvoll an.

»Die Bauunternehmung Klotzmeier & Sohn«, ließ er die Bombe platzen.

»Das gibt's doch nicht!«, japste Ben. »Dieser Klotzmeier, der hat ja echt überall seine Finger drin.«

»Obwohl das dann eher sein Vater war. 1967 war unser Klotzmeier vermutlich gerade geboren«, meinte Pauline.

»Jaja, der Apfel fällt nicht weit vom Stamm, würde Oma Greta jetzt sagen. Und wenn man sich Marvin Klotzmeier anguckt, hat sie doppelt recht«, stellte Flora fest.

Der Sohn des Bürgermeisters ging in ihre Parallelklasse und war ein echter Kotzbrocken!

»Aber, Leute«, Lennart schlug mit der Hand auf den Tisch, »eins ist doch wohl klar, wenn wir jetzt einfach die Firma anzeigen – egal ob Haberkorn oder HAPPY CHIPS – dann passiert am Ende wieder gar nichts, weil der Klotzmeier da auch mit drin steckt und alles unter den Teppich gekehrt wird! Das kennen wir doch schon.«

Pauline stimmte ihm zu. »Wir müssen uns etwas anderes einfallen lassen ...« Alle sahen ihr gespannt beim Nachdenken zu. Meistens hatte sie doch die besten Ideen, aber dann war es Flora, die plötzlich aufsprang und rief: »Ich weiß, wie wir es machen!«

Und auch wenn der Plan ein paar Unwägbarkeiten hatte – er war echt genial!

Zu früh gefreut

»Es ist so weit, ihr müsst jetzt los. Toi, toi, toi!«, flüsterte Pauline und klopfte Jannik aufmunternd auf die Schulter. »Ihr schafft das schon.«

Die fünf hockten auf einem Hochsitz, den sie unweit der Brücke in dem Wäldchen zwischen Fluss und Gewerbegebiet gefunden hatten. Von hier aus hatten sie die Brücke und den Elsbach bestens im Blick und waren durch das grüne Laub der Bäume gut getarnt. Noch war niemand zu sehen. Der offizielle Termin mit Bürgermeister Klotzmeier, Unternehmern, Bauern und einigen Mitgliedern der Bürgerinitiative sollte auch erst in einer Stunde stattfinden. Felix Mattes, der Reporter der Bieberheimer Morgenpost, würde bestimmt ebenfalls zur Stelle sein.

»Hoffentlich klappt das alles so, wie wir uns das ausgedacht haben …« Pauline fröstelte trotz der warmen Sommersonne.

Gestern hatten sie noch bis spät in die Nacht an ihrem Plan gefeilt, in dem auch der Reporter eine große Rolle spielen sollte. Spätabends waren Ben und Pauline noch bei

Felix Mattes vorbeigeradelt und hatten ihm einen Umschlag durch den Briefschlitz in seiner Haustür geschoben. Darin befand sich der äußerst interessante Zeitungsbericht mit dem Luftbild zusammen mit einem Brief, der noch weitere Informationen enthielt. Unterzeichnet hatten sie mit einem grünen Totenkopf. Die Kinder waren sicher, dass Felix Mattes sich auf die Spur begeben würde, die sie gelegt hatten. Schließlich hatte er schon einmal nach einem Hinweis von den Grünen Piraten einen Umweltverbrecher auf frischer Tat ertappt und fotografiert.

»Ich bin echt gespannt, in welcher Firma wir rauskommen, wenn wir wieder durch den Schacht steigen«, sagte Ben.

»Hoffentlich bei HAPPY CHIPS! Dann schmeiße ich mich gleich in die nächstbeste Chipskiste!« Mit verzücktem Gesichtsausdruck rieb sich Jannik den Bauch. »Und wenn dann alle verhaftet sind, habe ich freie Bahn und futter mich durch die Regale.«

Lennart tippte sich bedeutungsvoll an die Stirn. »Kannst du nicht mal an was anderes denken?!«

»Mann, das macht die Aufregung! Dann hab ich immer Hunger, da kann ich nix für«, fauchte Jannik.

Sie waren alle ziemlich nervös.

»Kommt, wir müssen los«, drängte Flora und schwang sich die Leiter herunter.

»Ruft uns sofort an, wenn ihr Campino gefunden habt,

dann sagen wir Miranda Bescheid, dass sie kommen kann. Sie freut sich schon auf das große Finale«, erinnerte Pauline ihre Freunde.

Miranda Mühlberg saß tatsächlich in den Startlöchern. Nachdem die Kinder sie noch gestern Abend angerufen und von ihrem Plan erzählt hatten, hatte sie die halbe Nacht in ihrem Labor getüftelt. Das Ergebnis hatte Ben heute frühmorgens auf seiner Brötchen-Tour abgeholt und lag nun gut verpackt in seinem Rucksack.

»Und ihr dürft nicht vergessen, uns rechtzeitig die Nachricht zu schicken, wenn es losgehen soll!«, mahnte Ben, während er als Letzter nach Jannik und seiner Schwester die Leiter hinunterkletterte. »Ich hab mein Handy auf Vibration gestellt, dann kann uns das Klingeln nicht verraten, falls doch jemand in der Nähe sein sollte.«

Da heute Sonntag war, gingen die Kinder aber eigentlich davon aus, dass sich außer Tom Rauke niemand in dem Gebäude aufhalten würde.

Die drei Piraten schlugen sich ins Dickicht auf der Suche nach dem Eingang zum Schacht. Sie mussten nicht allzu lange laufen.

»Da drüben bei den mickrigen Birkenstämmchen, da ist es.« Flora zeigte auf drei dünne Bäumchen.

Vorsichtig schoben sich die Kinder näher und sicherten

sich gegenseitig. Sie wollten nicht noch mal im freien Fall in den Schacht einsteigen. Mit den Füßen tasteten sie nach der Kante des Einstiegs, die vom Gestrüpp verdeckt war. Da war die Öffnung! Ben schob die Brombeerranken mit dem Fuß zur Seite und leuchtete mit der Taschenlampe nach den eisernen Trittleisten. Dann machten sie sich an den Abstieg.

Jannik stöhnte, als er sich durch das enge Loch vom Schacht in den Tunnel zwängen musste. »Verdammt eng und ganz schön gruselig hier«, stellte er schaudernd fest, als er endlich auf der anderen Seite im Kanal stand und den Lichtkegel seiner Taschenlampe über Wände, Rohr und das Rinnsal am Boden gleiten ließ. Ein kleiner schwarzer Schatten huschte an ihnen vorbei. »Guck mal, Fiona, Verwandtschaft«, grinste er.

Flora hatte die große Ratte zum Glück nicht gesehen, sie war schon weiter vorne. »Jetzt gebt mal Gas«, rief sie. »Wir dürfen keine Zeit verlieren!«

»HAPPY CHIPS, ich komme!«, rief Jannik und lief mit Ben durch die Tunnelröhre, bis sie Flora wieder eingeholt hatten. Sie hasteten bis zu der Stelle, wo das rostrote Rohr nach oben führte und kletterten einer nach dem anderen die Metallstufen hinauf in den Kellerraum. Wieder wurden sie von brummenden Maschinengeräuschen empfangen, aber diesmal war es dunkel. Zum Glück hatten sie ihre Taschenlampen dabei.

Jannik rümpfte die Nase. »Irgendwie hatte ich mir den Geruch in einer Chipsfabrik leckerer vorgestellt.«

Die drei schlichen zu dem niedrigen Durchgang, hinter dem die Rohre weiterführten. Schnell leuchteten sie den kleinen Raum ab. Rechts führte eine graue Stahltreppe zu einer Tür hoch. Auf der linken Seite standen mehrere weiße Bottiche und runde Behälter nebeneinander, in die jeweils Schläuche und Rohre hinein- und wieder hinausliefen. An der Wand daneben erstreckte sich ein verzweigtes Rohrsystem, in dem auch das rostrote Rohr verschwand. Da! Tatsächlich war da ein rotes Rad an der Stelle, wo das rostrote Rohr an ein hellgraues angeschlossen war. Damit ließ sich wohl der Durchlauf steuern.

»Das müssen wir wieder öffnen«, flüsterte Ben. »Und irgendwo muss hier auch die Klappe sein, von der die Frau gesprochen hat.« Er machte sich sofort an dem Rad zu schaffen und drehte es mit aller Kraft auf.

»Hoffentlich«, murmelte Jannik. »Sonst sind wir aufgeschmissen.«

»Hey, ich hab was gefunden!«, rief Flora mit gedämpfter Stimme. »Aber ich krieg's nicht auf!« Ungefähr eine Armlänge von der Wand entfernt befand sich eine Klappe auf dem rostroten Rohr.

»Na toll«, sagte Ben verdrossen, nachdem er den Verschluss inspiziert hatte. »Dafür brauchen wir einen Schrau-

benschlüssel, sonst geht da gar nichts. Aber vielleicht findet sich hier in dem Regal passendes Werkzeug?« Er leuchtete mit der Taschenlampe in eine Kiste und wühlte darin herum.

»Können wir das nicht gleich machen? Lasst uns endlich Campino befreien!«, drängelte Jannik. Er konnte es kaum erwarten.

»Ok, überredet – erst der Hund, dann die Klappe«, entschied Ben kurzerhand. »Kommt, wir haben nicht mehr viel Zeit!«

Eilig stiegen die drei die Metallstufen zur Tür hoch. Ben öffnete sie vorsichtig und linste um die Ecke. Eine Fabrikhalle von der Größe einer Dreifachturnhalle erstreckte sich vor ihnen.

»So ein Mist, wir haben Pech«, flüsterte er den anderen beiden zu, »es sind zwei Männer in der Halle. Warum müssen die auch sonntags arbeiten!?«

»Ist der Rauke auch dabei?«, fragte Flora ihren Bruder.

Ben schüttelte den Kopf. »Nein. Es sind also auf jeden Fall drei Leute hier unterwegs.«

Lange Tauchbecken reihten sich in der Produktionshalle aneinander und wie von Geisterhand wurden metallisch glänzende Teile an einer gelben Laufkatze nacheinander in verschiedene Becken gesenkt. Nach HAPPY CHIPS sah das eher nicht aus. Überall verliefen Kabel und lange Rohre und rhythmisches Brummen und Zischen erfüllte die Luft. Die beiden Arbeiter im Blaumann waren damit beschäftigt, lange Leisten an einer Halterung zu befestigen. Am Ende der Halle hing ein großes Schild mit der Aufschrift HABERKORN GALVANIK GMBH. Lennart hatte also richtiggelegen! Von wegen *mit der Umwelt geht's nach vorn*!

»Wo müssen wir denn jetzt hin?«, fragte Jannik verzweifelt. Dass hier noch Arbeiter in der Fabrik waren, behagte ihm gar nicht!

»Keine Sorge, die haben es uns einfach gemacht.« Ben zeigte geradeaus auf eine Tür, die nur ein paar Meter entfernt war. LAGER stand auf einem kleinen weißen Schild. Er drehte sich zu seinen Freunden um. »Wenn die beiden Blaumänner abgelenkt sind, laufen wir los.«

Angespannt warteten die Kinder, bis die Arbeiter ihnen den Rücken zudrehten.

»Jetzt!«, zischte Ben.

Geduckt liefen die drei an den hohen Becken entlang zum Lagereingang hinüber. Ben drückte die Klinke hinunter. Die Tür öffnete sich – Glück gehabt! In Sekundenschnelle schlüpften Ben, Flora und Jannik durch den Spalt und zogen die Tür hinter sich zu. Hier drinnen war es wieder stockdunkel. Das Herz klopfte ihnen bis zum Hals. Jannik knipste seine Taschenlampe an und leuchtete umher. Sie befanden sich in einer kleineren Halle, in der mehrere Reihen hoher Schwerlastregale aufgestellt waren. Neben der Tür parkte ein Gabelstapler.

»Also los!« Flora atmete tief durch. »Wir müssen den letzten Lagerraum finden.«

Schnell liefen sie ans Ende der Halle, wo es drei weitere Türen gab.

Die erste führte in eine Toilette, hinter der zweiten stapelten sich leere Kartons und Müllsäcke. Durch die letzte Tür gelangten sie in einen schmalen Lagerraum, in dem mehrere Pakete an der Wand übereinander gestapelt waren, leere Eimer standen herum und daneben zwei große Kartoffelkisten mit Deckel. Und plötzlich – ein Winseln! Jannik stürmte auf die vordere Holzkiste zu und riss den Deckel herunter.

Eine hübsche braun getigerte Katze blinzelte ihm mit grünen Augen träge entgegen.

»Eine Katze?!«, rief Jannik fassungslos. Verwirrt starrte er das Tier an.

Aber Flora hatte schon den Deckel der zweiten Kiste geöffnet und strahlte. »Campino! Da bist du ja! Endlich haben wir dich gefunden!«

Ein freudiges, aber sehr müdes Begrüßungswinseln war die Antwort. Dann kam der schwarze Wuschelkopf von Campino zum Vorschein, als er sich mühsam mit beiden Vorderpfoten auf den Rand der Kiste stellte.

»Die haben die Tiere mit irgendwas betäubt«, zischte Jannik wütend.

Flora nickte und kraulte Campino beruhigend hinter den Ohren.

»Wir packen die beiden am besten in unsere Rucksäcke. Ich könnte wetten, dass die Katze auch entführt worden ist«, sagte Ben. »Und laufen können die in dem Zustand sowieso nicht.«

Campino leckte Janniks Gesicht und ließ sich von ihm ohne Gegenwehr in seinen Rucksack verfrachten. Auch die Katze sträubte sich nicht. Dann nahm Jannik Campino auf den Rücken und Ben trug die Katze. So machten sie sich auf den Rückweg durch die Lagerhalle, vorbei an den langen, hohen Regalreihen, bis sie wieder zu der Tür kamen, die zurück in die Fabrikhalle führte. Die drei warteten noch einen Moment mit klopfendem Herzen, dann öffnete Jannik die Tür zentimeterweise und spähte hinaus. Die beiden Arbeiter beugten sich gerade über ein Becken und diskutierten angeregt.

Jetzt oder nie! Jannik gab seinen Freunden ein Zeichen und schon huschten sie durch die Halle zur Kellertür, zogen sie auf und stolperten hinein. Mit einem leisen KLACK schloss Ben die Stahltür hinter ihnen. Keuchend hasteten sie die Stufen der kleinen Eisentreppe herunter.

»Geschafft! Wir haben es tatsächlich geschafft!« Jannik führte vor lauter Erleichterung ein kleines Freudentänzchen auf, auch wenn ihm das mit Campino auf dem Rücken nicht sonderlich gut gelang. Für einen ganz kurzen Moment fühlten sie sich wie die Könige!

Doch im nächsten Augenblick wurde die Tür aufgezogen und jemand schaltete die Kellerbeleuchtung an.

Erschrocken starrten die Kinder hoch. Das war doch Tom Rauke, der da oben an der Treppe stand! Der Fischwerfer!

Der Mann sprang die Stufen herunter und ging mit drohender Miene auf die Kinder zu. »Was macht ihr hier? Wer hat euch reingelassen?«

Erwischt!

Pauline rutschte unruhig auf der Bank im Hochsitz hin und her. Von dieser ganzen Warterei tat ihr langsam der Hintern weh. Lennart hing über dem Geländer und behielt die Brücke mit dem Fernglas im Blick.

»Pauli, es geht los!« Er flüsterte, obwohl ihn hier niemand hören konnte.

Einige Autos näherten sich über den Feldweg und parkten am Rand des abgeernteten Feldes. Die Fahrer stiegen aus und wanderten etwas unschlüssig umher, bis sich schließlich zwei Gruppen bildeten, die sich auf der Brücke gegenüberstanden. Viele kamen auf ihren Fahrrädern angestrampelt, einige wanderten auch zu Fuß zum Treffpunkt. Bald war es rappelvoll auf beiden Seiten der Brücke. Mehrere Unternehmer aus dem Gewerbegebiet hatten sich eingefunden, zumindest vermutete Pauline, dass die Leute mit Anzug und Krawatte eher zur Unternehmerseite gehörten. Inmitten dieser Gruppe entdeckte sie auch Frau Haberkorn, heute ganz in Frühlingsgrün gekleidet, die anderen kannte sie nicht. Auf der Brücke überwachten ein Polizist und eine

Polizistin das Treffen, um dafür zu sorgen, dass es diesmal friedlicher ablief als zuletzt auf dem Marktplatz.

Langsam wurden die Gespräche hitziger und laute Rufe flogen von einer Seite der Brücke zur anderen.

Ein großer schwarzer Geländewagen brauste heran.

»Da kommt auch unser Bürgermeister«, berichtete Lennart, der den protzigen Wagen nur zu gut kannte.

Pauline quetschte sich mit ihrem Fernglas neben Lennart ans Geländer, um auch etwas sehen zu können. »Und dahinten sind unsere Bauern im Anmarsch.«

Von der anderen Seite des Elsbachs näherten sich fünf Traktoren. Hintereinander rollten sie langsam näher.

»Ach nee, da sitzt ja Frau Seltmann am Steuer«, kicherte Pauline und beobachtete die Karawane durch das Fernglas. »Sie will bestimmt aufpassen, dass ihr Mann diesmal keinem eins auf die Nase gibt. Und guck mal, da drüben quetscht sich Herr Klute aus einem Smart.«

Der dicke Chef von HAPPY CHIPS hatte alle Mühe, aus dem kleinen knallorangen Auto zu kommen. Gut gelaunt grüßte er alle um sich herum und gesellte sich zu Klotzmeier.

»Aha!« Pauline machte ein grimmiges Gesicht. »Der scheint ja mit unserem Bürgermeister ganz dicke zu sein.«

»Jetzt müssten eigentlich alle versammelt sein«, meinte Lennart. Nervös guckte er auf die Uhr. »Warum melden die sich denn nicht?! Die müssten Campino doch langsam mal gefunden haben.«

»Jetzt legt Klotzmeier mit seiner Rede los«, kommentierte Pauline das Geschehen an der Brücke. »Und da kommt auch endlich unser Starreporter angedüst.«

Völlig verschwitzt stieg Felix Mattes von seinem Mountainbike und schob sich durch die Menge nach vorne. Da die meisten den Reporter der Bieberheimer Morgenpost kannten, machten sie ihm bereitwillig Platz.

»Sollen wir nicht mal näher rangehen?«, fragte Pauline. »Hier können wir ja nichts verstehen.«

Lennart nickte und packte sein Fernglas in den Rucksack. »Du solltest den anderen jetzt die Nachricht schicken. Ich denke, sie können loslegen.«

»Ok, mach ich.« Pauline zog ihr Handy heraus und tippte eilig auf dem Touchscreen herum. »So, hoffentlich schaffen sie es, ich habe irgendwie kein gutes Gefühl ...«

»Klar schaffen die das. Hey, wir sind die Grünen Piraten, schon vergessen?!«

Pauline rang sich ein Grinsen ab. »Stimmt. Also, dann los.«

Die beiden kletterten vom Hochsitz herunter und pirschten sich langsam durch das Gestrüpp näher an die Brücke heran.

Dabei waren die anderen drei Grünen Piraten gerade wirklich in einer ziemlich misslichen Lage. Tom Rauke hatte sich vor Ben, Flora und Jannik aufgebaut und betrachtete sie mit gerunzelter Stirn. »Was habt ihr denn da drin? Habt ihr was geklaut?« Er ruckelte an Janniks Rucksack. »Aua!« Sofort zog er seine Hand zurück und schüttelte sie. Campino hatte ihn tatsächlich gebissen! Der Hund knurrte den Mann böse an.

»He, habt ihr etwa die Tiere mitgenommen?! Seid ihr wahnsinnig? Das könnt ihr doch nicht machen!«

»Und ob wir das können«, sagte Jannik mutig.

Genau in diesem Moment spürte Ben, dass sein Handy vibrierte. Ausgerechnet jetzt! Momentan konnten sie gar nichts tun!

Rauke tigerte unruhig hin und her und ließ die Kinder nicht aus den Augen. »Ihr rührt euch nicht von der Stelle«, knurrte er und ließ seine Oberarmmuskeln spielen. In ihm schien es zu arbeiten. Dann zog er sein Handy heraus, tippte darauf herum und drückte es hastig ans Ohr. Er wartete eine ganze Weile, aber es nahm scheinbar niemand ab. Fluchend stopfte er das Handy zurück in seine Tasche und musterte die Kinder mit zusammengekniffenen Lippen.

Flora räusperte sich und drückte sich gleichzeitig etwas enger an ihren Bruder. »Ich glaube, Sie haben da etwas missverstanden ...« Ihre Stimme klang ein bisschen kratzig und sie räusperte sich noch einmal. »Frau Haberkorn schickt uns.«

Nicht nur Tom Rauke starrte Flora mit ungläubigem Gesichtsausdruck an. Auch Ben und Jannik staunten nicht schlecht, als Flora jetzt mit fester Stimme fortfuhr: »Wir sollen Ihnen das Fischfutter bringen, das hatte Frau Haberkorn total vergessen.«

»Achso …« Ein Schimmer des Verstehens huschte über das Gesicht des jungen Mannes. Dann runzelte er wieder die Stirn. »Und wieso habt ihr die Tiere geklaut, die sollte ich doch eigentlich … na ja …«

»Also, äh, die Tiere …«, druckste Jannik herum, »das ist folgendermaßen … äh, Frau Haberkorn hat es sich … anders überlegt, sie … sie will die Tiere wieder ihren Besitzern zurückgeben!« Jannik spürte, wie ihm langsam eine Schweißperle an der Schläfe hinunterlief und überlegte fieberhaft, wie er den jungen Mann davon überzeugen konnte, sie gehen zu lassen.

»Warum hat sie mich denn nicht angerufen?«, fragte Tom misstrauisch.

»Sie hat ihr Handy verloren«, behauptete Flora und guckte den jungen Mann treuherzig an. »Deshalb hat sie uns ja auch geschickt.«

»Aha, na wenn das so ist …« Tom Rauke sah die Kinder der Reihe nach an. Vielleicht sagten die drei doch die Wahrheit? »Und wo ist dann das Futter für die Fische, hä?«

Flora zerrte ihrem Bruder den Rucksack vom Rücken

und nahm vorsichtig die Katze heraus. »Ben, gib ihm das *Fischfutter.*« Das letzte Wort betonte sie besonders.

Jetzt verstand ihr Bruder. Er musste sich bemühen, ein Grinsen zu unterdrücken, als er die prall gefüllte Tüte aus seinem Rucksack holte. »Hier, bitte. Getrocknete Maden.«

Jannik flüsterte beruhigend auf Campino ein, der immer noch leise knurrte.

Tom Rauke griff nach der durchsichtigen Plastiktüte, in der sich schwarzbraune, seltsam gekräuselte Würmchen befanden. Er kratzte sich am Kopf. »Getrocknete Maden? Tja, äh ... Na ja, wenn die Chefin das sagt, dann sollen die Fische ihr Futter kriegen.« Kopfschüttelnd kramte er aus einer Kiste einen Schraubenschlüssel hervor, mit dem er sich an dem Verschluss der Reinigungsöffnung des rostroten Rohres zu schaffen machte, bis er die Klappe abnehmen konnte. Immer wieder warf er den Kindern skeptische Blicke zu, als könne er es doch nicht ganz glauben, was sie ihm erzählt hatten. Aber dann zuckte Tom mit den Achseln und schüttete den Inhalt der Tüte langsam durch die Öffnung. Als die krümeligen Würmchen alle verschwunden waren, schraubte er die Klappe wieder fest.

Ein Triumphgefühl breitete sich in den drei Grünen Piraten aus und sie mussten sich bemühen, nicht loszujubeln, das hätte Rauke bestimmt sehr verdächtig gefunden – Er hatte ja keine Ahnung, was er da gerade in das Rohr gekippt hatte!

Plötzlich knallte es laut und dröhnende Technobeats wummerten los. Die Kinder fuhren erschrocken zusammen, nur Tom Rauke blieb ruhig und zog lässig sein Handy aus der Tasche.

»Cooler Klingelton, was?« Er grinste die Kinder an. Dann nahm er ab und meldete sich. »Hallo? ... Ach, gut, dass Sie zurückrufen ... Hä? Ich dachte, Sie haben Ihr Handy verloren?« Er sah sich nach Flora um. »Nein? Na ja, egal, Ihren Auftrag habe ich auf jeden Fall erledigt.« Er erklärte kurz, wo er war und was er gerade getan hatte. Danach wurde er immer blasser und stiller, während auf der anderen Seite des Handys jemand lauthals schimpfte. Das klang gar nicht gut!

Unauffällig zog Ben sein Handy aus der Tasche und drückte es Flora in die Hand. Sie wandte sich ein Stück von Rauke ab, damit er nicht sehen konnte, wie sie hektisch auf den Tasten herumtippte. Doch dann beendete der Fischwerfer sein Gespräch und sprang wütend auf die Kinder zu.

Pauline und Lennart hatten inzwischen die Bäume umrundet und mischten sich unter die Mitstreiter der Bürgerinitiative. So konnten sie alles am besten verfolgen. Der Bürgermeister beendete gerade seine vollmundige Rede, in der er die Vergrößerung des Gewerbegebietes angepriesen hatte. Währenddessen hatte er sich mehrfach ziemlich übertrieben nach toten Fischen umgesehen. Jetzt ließ er widerstrebend Konrad Walter vortreten, der genau erläuterte, welche Gebiete von der Renaturierung betroffen wären und welche Tiere und Pflanzen sich danach hier ansiedeln könnten. »Sogar die Biber könnten wieder heimisch werden und das sind die Baumeister der Artenvielfalt an Flüssen«, rief er begeistert.

»Wer braucht schon Biber«, knurrte Bauer Seltmann und handelte sich dafür einen kräftigen Ellbogenstoß von seiner Frau ein.

PLING! Na endlich! Pauline riss ihr Handy aus der Tasche. »Campino gefunden, Würmer verschickt, brauchen Hil–«, las sie flüsternd vor.

»Mist! Mist! Mist!«, fluchte Lennart. »Und wir wissen nicht mal, wo sie jetzt stecken!«

Plötzlich ertönten entsetzte Schreie von der Brücke. »Was ist das denn?« – »Hilfe! Der Elsbach ist voller Blut!« – »Herr Klotzmeier, tun Sie was!« – »Polizei!« Jetzt drängelten sich alle nach vorne ans Brückengeländer, um besser sehen zu können. Eine knallrote Wolke strömte von der Seite in das Wasser des Elsbachs und breitete sich flussabwärts aus.

»Da muss es doch einen Zufluss geben, was ist das für eine Schweinerei!«, schrie Herr Walter aufgebracht.

Jetzt hob Felix Mattes seine Arme und pfiff laut, um auf sich aufmerksam zu machen. »Ich glaube, dazu kann ich etwas sagen.« Die aufgebrachte Menge wurde langsam ruhiger. »Frau Haberkorn, bleiben Sie doch bitte bei uns«, rief der Reporter die Unternehmerin zurück, die gerade auf ihr Auto zulief.

Da fiel es Pauline wie Schuppen von den Augen! »Lennart, das Auto von der Haberkorn!«

Jetzt sah Lennart es auch. Es war der dicke grüne Geländewagen, der am Hafen das Motorboot hinter sich hergezogen hatte. Dass sie da nicht vorher drauf geachtet hatten! Die Kinder liefen etwas außer Hörweite der aufgebrachten Menge und informierten Miranda am Telefon kurz über die Ereignisse. Sie sollte sofort die Polizei zu Haberkorn Galvanik schicken, um ihren Freunden zu helfen. Das war ein Notfall! Dann rannten sie zu ihren Fahrrädern und hetzten den Feldweg entlang, zurück zum Gewerbegebiet. Als sie die Hälfte des Weges hinter sich gebracht hatten, überholte sie schon der Polizeiwagen von der Brücke mit Blaulicht und Sirene. Hoffentlich kamen sie noch rechtzeitig!

Tom Rauke stapfte zur selben Zeit laut brüllend vor den Kindern herum. Er war ziemlich wütend, weil er sich hatte austricksen lassen. Aber jetzt war seine Chefin unterwegs und dann konnten sie was erleben! Ben, Flora und Jannik standen dicht aneinandergedrängt in dem dunklen Kellerraum und beobachteten ihn ängstlich. Dass sie gegen ihn keine Chance hatten, war klar – bei den Muskelpaketen an seinen Armen. An Flucht war also nicht zu denken. Sie konnten nur hoffen, dass Flora noch rechtzeitig auf *Senden* gedrückt hatte, bevor Rauke ihr das Handy aus der Hand gerissen hatte.

Und dann hörten sie die Polizeisirenen! Endlich! Es dauerte noch einen Augenblick, bis auch Tom Rauke registrierte, was da auf ihn zukam. Plötzlich sackte er in sich zusammen und war nur noch ein Häufchen Elend. Ratlos guckte er die Kinder an. »Was soll ich denn jetzt machen?«, fragte er verzweifelt.

Ben wurde aus einem ganz anderen Grund nervös, als die Sirenen immer näher kamen. Es war zwar schön, dass die

Polizei sie retten würde, aber sie würden eine Menge erklären müssen und die Grünen Piraten wären damit nicht länger geheim. Besser wäre es, sie könnten vorher verschwinden …

»Pass auf Tom«, sagte Ben in einem bemüht kumpelhaften Tonfall. »Wir machen einen Deal. Deine Chefin haben sie sowieso längst verhaftet, aber du kannst dich noch retten.«

Der junge Mann sah ihn hoffnungsvoll an.

Ben nahm die Katze aus seinem Rucksack und drückte sie Rauke in den Arm. »Also, hör zu. Das war so: Du bist der Haberkorn auf die Schliche gekommen und wusstet, dass sie ihre giftigen Abwässer durch das Rohr hier in den Fluss leitet und deswegen hast du die rote Farbe reingeschüttet, damit es alle heute bei dem Treffen sehen können, kapiert?«

Rauke nickte verwirrt.

»Du wolltest nämlich nicht, dass die Tiere sterben, deswegen hast du sie gerettet.«

Jannik drückte den Rucksack an sich. »Campino nehmen wir aber mit!«

»Ja klar, du sagst einfach, der schwarze Hund ist dir weggelaufen, als du ihn befreien wolltest, ok?«

Tom nickte wieder ein wenig hilflos.

»Dann bist du der Gute. Der Held!«, bekräftigte Flora. »Und wir verschwinden jetzt einfach in dem Schacht. Aber du musst schwören, nichts von uns zu erzählen, sonst sagen wir der Polizei die Wahrheit, nämlich dass du die Tiere entführt hast!«

Oben in der Firmenhalle wurde es jetzt laut. Rufe ertönten, trampelnde Schritte waren zu hören.

»Also, abgemacht?«

»Abgemacht«, sagte Rauke mit einem schiefen Grinsen im Gesicht.

Die drei Freunde stürzten zum Schacht und kletterten einer nach dem anderen die Stufen hinunter. Als Ben den Deckel leise über der Öffnung zuklappte, stürmte schon der erste Polizist die Kellertreppe hinunter.

Fish & Chips

»Himmelherrgott! Mir wird jetzt noch ganz schwindelig von eurer Schilderung! Das war aber ganz schön knapp!« Miranda lehnte sich auf der blauen Holzbank vor der Kajüte zurück und drückte Campino an sich.

»Guck mal, der arme Hund ist schon ganz platt, weil du ihn gar nicht mehr loslässt!« Lennart grinste.

Daraufhin musste Miranda Campino natürlich erst recht noch einmal fest an sich ziehen. »Kinder, ich bin so froh, dass er wieder da ist! Tausend Dank! Das werde ich euch nie vergessen! Aber wenn ich daran denke, in welche Gefahr ihr euch begeben habt, dann wird mir ganz schlecht!«

«Du solltest es vielleicht nicht unseren Eltern erzählen.« Pauline zwinkerte ihr zu. »Sonst dürfen wir die nächsten drei Jahre nicht mehr vor die Tür.«

»Wir haben aber auch echt Glück gehabt«, meinte Ben, »dass der Rauke uns unsere Lügenmärchen komplett abgenommen hat.«

»So monstermäßig helle war der jetzt wirklich nicht«, stellte Jannik fest.

Flora setzte sich neben Miranda auf die Bank und kraulte

Campino. »Die Frau Petrauschke hat sich bestimmt auch ziemlich gefreut, als du ihr die Katze wiedergebracht hast, oder?«

Miranda lachte. »Und wie! Die Polizisten waren froh, dass sie die Katze los waren, und Anita ist mir um den Hals gefallen! Vor Freude hat sie ihre Susi fast erdrückt, die ist dann erst mal auf ihren Kratzbaum geflüchtet. Zum Glück haben sich die Tiere von dem Betäubungsmittel schnell wieder erholt.«

»Das war echt eine Schweinerei, der arme Campino.« Flora kitzelte seine schwarzen Öhrchen.

»Sind denn eigentlich noch mehr Mitglieder eurer Bürgerinitiative erpresst worden?«, erkundigte sich Lennart. »Ich weiß noch, dass Herr Walter bei der Demo von vier Leuten sprach, die abgesagt hatten.«

»Wir haben heute Abend ein Treffen«, antwortete Miranda. »Da werde ich Genaueres erfahren. Aber man kann wohl davon ausgehen, dass Anita und ich nicht die Einzigen waren, die solche Drohbriefe bekommen haben.«

»Hmm, das riecht aber lecker!« Jannik schnupperte. »Ich glaube, der Fisch ist fertig!«

Miranda hatte die Grünen Piraten zu einer Grillparty aufs Hausboot eingeladen, um sich für Campinos Rettung zu bedanken.

»Die hast du aber hoffentlich nicht aus dem Elsbach

geangelt, oder?« Misstrauisch beäugte Ben die Fische, die auf dem Schwenkgrill vor sich hin brutzelten.

»Das traust du mir zu?!« Miranda drohte ihm lachend und verscheuchte Ernie und Bert, die schon seit geraumer Zeit um den Grill herumscharwenzelten. »Ihr könnt unbesorgt sein. Der Rotbarsch ist mir auf dem Markt ins Netz gegangen.«

Mit einer dicken Portion Fisch und gebackenen Kartoffelschnitzen auf dem Teller in der einen Hand und grüner Limo in der anderen machten es sich alle auf Sitzkissen an Deck gemütlich.

»Wie geht es denn jetzt mit deiner Bürgerinitiative weiter?«, fragte Ben mit vollem Mund.

»Wir haben genug Unterschriften zusammen, um ein Bürgerbegehren bei der Stadt einzureichen!«, verkündete Miranda stolz. »Danach gibt es zwei Möglichkeiten: Entweder stimmt der Stadtrat direkt unser Forderung zu, dem Elsbach sein altes Flussbett zurückzugeben, oder es wird zu einem Bürgerentscheid kommen und dann können alle Einwohner darüber abstimmen, ob der Elsbach renaturiert werden soll oder nicht.«

»Das bedeutet aber noch eine Menge Überredungskunst in der Fußgängerzone, oder?«, fragte Pauline.

Miranda lachte. »Ich glaube, nach dem Spektakel an der Brücke haben wir es leichter, die Leute zu überzeugen, als vorher. Das stand ja groß in der Zeitung und alle waren ziemlich entsetzt von dieser skrupellosen Frau und den ganzen Giftstoffen im Wasser.«

»Die Überschrift war übelst gut: *Der Elsbach blutet!*« Lennart lud sich noch ein paar Kartoffeln auf seinen Teller. »Und Felix Mattes hat sich in seinem Artikel sogar für den Hinweis der Grünen Piraten bedankt.«

»Echt cool!«, freute sich Ben.

»Aber das Beste war noch das Foto von Tom mit der Katze im Arm«, kicherte Flora. »Der Held von Bieberheim. So wie der da guckt, glaubt er jetzt bestimmt selbst, dass er Frau Haberkorn überführt hat.«

»Und unser werter Herr Klotzmeier wusste natürlich wieder mal von nichts ...« Miranda zuckte mit den Schultern. »Aber vielleicht stimmt es diesmal sogar. Schließlich war es sein Vater, der damals die Baustelle geleitet hat.«

»Frau Haberkorn kann uns zum Glück nicht mehr in die Quere kommen.« Ben grinste. »Ob sie auch aus der Untersuchungshaft am Bürgerentscheid teilnehmen darf?«

»Mal gucken, wie lange sie da bleibt«, sagte Pauline und tunkte ein Kartoffelstück in die Mayonnaise. »Hoffentlich kommt sie mit ihrer billigen Ausrede nicht durch! Sie hat ja behauptet, dass sie eine interne Kläranlage hätte und angeblich überhaupt nicht wusste, dass es eine Verbindung zum Fluss gibt.«

»Aber da konnte Tom Rauke ja was ganz anderes berichten. Außerdem kam jetzt heraus, dass früher schon mal gegen Frau Haberkorn ermittelt wurde«, erzählte Miranda. »In ihrer Firma gab es einen Betriebsunfall, bei dem hochgiftige Chromsäure ausgelaufen ist. Danach hat sie sich dann bei verschiedenen Umweltprojekten engagiert, um ihr ramponiertes Image wieder aufzupolieren.«

»Deswegen also die grünen Pfeifen.« Ben schüttelte den Kopf. »Das war alles nur Getue, genau wie ihre erbärmliche hausinterne Pseudo-Kläranlage.«

»Ich find's echt krass, dass die damals in den 70er-Jahren völlig gedankenlos alles giftige Zeug einfach in die Flüsse gekippt haben!« Jannik schüttelte den Kopf. »Erstaunlich, dass es überhaupt noch Fische gibt!«

»Glücklicherweise sind die Menschen ja lernfähig«, sagte Pauline und grinste. »Oder zumindest einige von ihnen.«

»Sag mal, Miranda«, Ben warf sich schwungvoll in die Hängematte, »was waren das eigentlich für komische Würmchen, die du da gebastelt hast?«

»Och, da habe ich ganz einfach ein besonders starkes Spezialfärbemittel zusammengebraut, absolut ungefährlich für die Umwelt, aber schön knallig rot! Die Chemie ermöglicht einem doch viele nützliche Dinge ...« Miranda drückte den armen Campino zum hundertsten Mal an sich, aber der Hund ließ sich das gerne gefallen und stupste ihr freudig mit der Schnauze in die Seite. Dann stießen alle sechs mit ihren Limogläsern an. »Auf die Grünen Piraten!«

Paulines Info-Seite

Der blaue Planet

Die Oberfläche der Erde ist zu 2/3 mit Wasser bedeckt. Aufgrund der großen Wasserfläche wirkt die Erde vom Weltraum aus betrachtet blau. Deshalb wird sie auch „der blaue Planet“ genannt. Die gesamte Wassermenge wird auf 1,4 Milliarden km^3 geschätzt – eine unvorstellbar riesige Menge! Das klingt doch eigentlich so, als hätten wir mehr als genug davon, oder? Aber Miranda hat uns ja schon erklärt, dass der weitaus größte Teil Salzwasser ist, nämlich 97,5%. Das Süßwasser (nur 2,5% der weltweiten Wassermenge), auf das Menschen, Tiere und Pflanzen angewiesen sind, ist vor allem im Eis der Gletscher gebunden. Nur ein kleinerer Teil befindet sich im Grundwasser und in Seen und Flüssen.

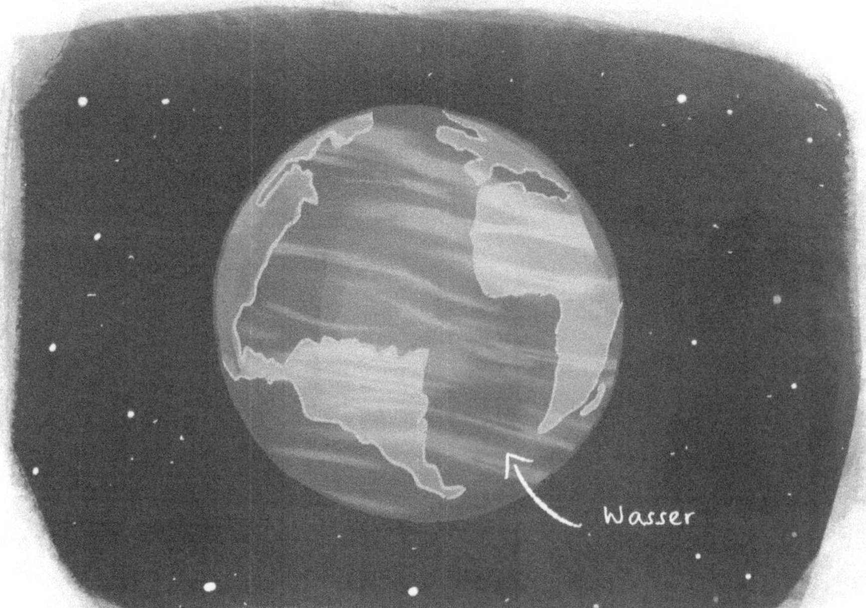

Absolut lebenswichtig

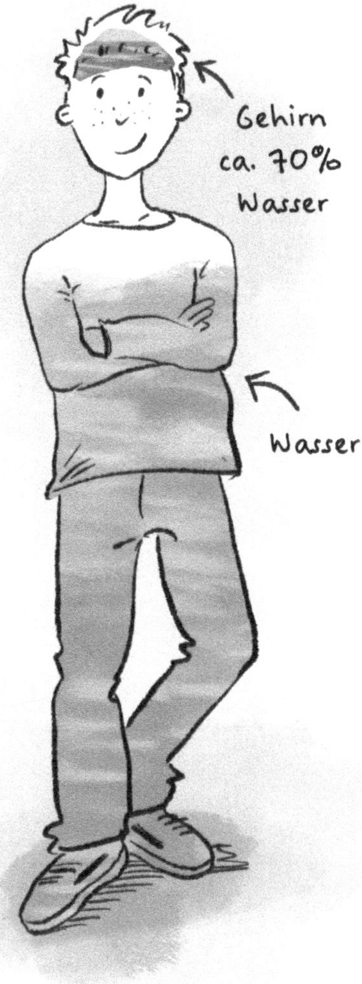

Ohne Wasser können wir nicht leben, auch Pflanzen und Tiere nicht: Die Körper der meisten Pflanzen und Tiere bestehen zu 50 bis 80% aus Wasser. Nur mithilfe des Wassers sind Pflanzen überhaupt in der Lage, Nährstoffe aufnehmen zu können.

Auch wir Menschen bestehen zu mehr als 50% aus Wasser! Jede Zelle enthält Wasser und genau wie bei den Pflanzen transportiert das Wasser auch in unserem Körper Nährstoffe zu den Zellen. Denn auch das Blut besteht zu einem großen Teil aus Wasser. Aber das Wasser kann noch mehr: Es kühlt deinen Körper. Wenn es heiß ist oder du Sport machst und dabei ins Schwitzen kommst, scheidet dein Körper Wasser aus, der Schweiß verdunstet und die Haut kühlt ab. Dadurch wird verhindert, dass deine Körpertemperatur ansteigt. Und noch eine wichtige Sache: Über das Wasser, das du trinkst, kann dein Körper beim Pinkeln wertlose oder schädliche Stoffe ausscheiden. Ohne zu trinken, könntest du schätzungsweise nur zwei bis drei Tage überleben.

Floras Bastelideen

Miniteich auf dem Balkon

Ben und ich hatten die Idee, uns einen kleinen Teich für den Balkon zu bauen. Das sieht total schön aus, man kann im Sommer die Füße reinhalten und gleichzeitig können Insekten und Vögel hier einen Zwischenstopp machen und Wasser trinken. Im Keller haben wir einen alten orange Wäschekorb aus Plastik gefunden, den wir dafür nehmen durften. Den Auslauftest hat er bestanden! In dem Fall war es mal ganz gut, dass Plastik so haltbar ist und nicht verrottet.

Und so geht's

Du brauchst:

- ein Gefäß, z. B. alte Babybadewanne, großer Eimer oder ein Holzfass
- Teichfolie, wenn das Gefäß nicht ganz auslaufsicher ist
- ein paar große Steine oder Ziegel, Pflanzkörbe oder Tontöpfe
- Teicherde, Kies und Wasserpflanzen

Es gibt viele verschiedene Pflanzen, die für einen Miniteich geeignet sind. Ich wollte unbedingt eine Seerose in unserem Miniteich haben und das Beste ist: Sie blüht sogar schon! Es gibt nämlich eine Zwerg-Seerose, die schon mit einer Wassertiefe von 10-20 cm auskommt.

1. Suche einen geeigneten Platz für den Miniteich, er sollte schattig oder zumindest halbschattig sein. Bekommt dein Teich zu viel Sonne ab, wachsen die Algen zu stark.

2. Wenn bei deinem Gefäß die Gefahr besteht, dass Wasser ausläuft, lege es mit Teichfolie aus. Befestige die Folie aber erst am Rand, wenn du Steine, Pflanzen und Wasser eingefüllt hast.

3. Lege die Steine in die Wanne oder den Eimer. Dadurch entstehen verschieden tiefe Zonen. Am besten stapelst du so, dass ein Stein am Rand aus dem Wasser ragt, damit die Insekten auf dem Stein landen und von da aus trinken können. Außerdem können Tiere, die unfreiwillig baden gegangen sind, hier aus dem Wasser herausklettern.

4. Pflanze deine Teichpflanzen in Pflanzkörbe oder Tontöpfe und bedecke die Erde vollständig mit Kies, damit die Erde im Wasser nicht wegschwimmt, sondern an den Pflanzenwurzeln bleibt. Stelle die Töpfe auf die Steine.

5. Fülle dein Teichgefäß mit Wasser auf, am besten langsam und vorsichtig, um die Erde nicht aufzuwirbeln. Lass ein paar Zentimeter Platz zur Oberkante.

Bens Seite

Fluss-Rekorde

Ganz gechillt auf dem Elsbach mit dem Schlauchboot zu paddeln, macht echt Spaß. Bei den Flüssen weltweit gibt es aber auch ganz andere, viel krassere Dimensionen:

Der längste Fluss

Der Nil galt lange Zeit als längster Fluss der Welt. Auf einer Strecke von 6.650 km fließt er durch Ostafrika, bis er in Ägypten ins Mittelmeer mündet. Inzwischen haben Forscher jedoch eine neue Quelle des Amazonas entdeckt und damit hat der Amazonas dem Nil mit einer Länge von mehr als 6.800 km den Rang als längster Fluss der Welt abgelaufen. Der längste Fluss Europas ist die Wolga in Russland mit 3.530 km.

Der kürzeste Fluss

Der kürzeste Fluss der Welt liegt in Italien, der Aril fließt nur über eine Strecke von 175 m durch den Ort Cassone di Malcesine und mündet in den Gardasee.

Der breiteste Fluss

Die beiden breitesten Flüsse der Erde schlängeln sich durch Südamerika: Neben dem Rio de la Plata gilt der Amazonas als breitester und zudem noch wasserreichster Fluss der Erde. Zwei Drittel des weltweit gesamten Flusswassers fließen durch das Bett des Amazonas. Bei Hochwasser kann er sich auf fast 50 km ausbreiten. In Trockenzeiten erreicht er eine Breite von 20 km. Im Vergleich dazu wirkt der Rhein in Deutschland wie ein schmales Rinnsal, an seiner breitesten Stelle ist er gerade mal 800 Meter breit.

Hochs und Tiefs

Da, wo der Amazonas auf den Atlantischen Ozean trifft, können bis zu 6 m hohe Flusswellen entstehen – das sind die krassesten Flusswellen der Welt! Und hier noch eine gigantische Zahl: Pro Sekunde fließen ca. 206 Millionen Liter Wasser vom Amazonas in den Atlantik. Das sind rund 1,3 Millionen gefüllte Badewannen auf einmal – und das jede Sekunde! Den tiefsten Fluss der Welt findet man in Afrika. Er heißt Kongo und ist an manchen Stellen 220 m tief.

Janniks Tierinfos

Ein neues Zuhause für viele Tiere

Super, dass Miranda es mit der Bürgerinitiative geschafft hat, dass der Elsbach wieder renaturiert wird! Wenn die Beton-Uferbefestigungen abgerissen werden und der Flusslauf des Elsbachs wieder mehr in Schlaufen verläuft, können sich hier ganz unterschiedliche Tiere ansiedeln. Ich hoffe, dass sich hier auch viele Eisvögel Nistplätze bauen. Die graben sich nämlich an Steilufern Brutröhren in den Lehm, in denen ihre Jungen gut geschützt sind.

Toll wäre auch, wenn die Biber zurückkommen würden. Die sehen nicht nur süß aus, die helfen sogar dabei, die Gefahr durch Hochwasser zu entschärfen. Herr Walter ist ja auch ein großer Biber-Fan und er hat

mir erklärt, dass die Dämme, die die Biber bauen, dazu führen, dass ein Fluss aus seinem Bachbett tritt und die Auen überflutet. Deshalb bremsen Biberfeuchtgebiete die Hochwasserwelle aus – supercool, oder?! Und dadurch, dass die Biber Dämme bauen und so für mehr Totholz im Gewässer sorgen, werden außerdem viele Fischarten angezogen. Sie haben durch das Totholz zusätzliche Laichplätze, Verstecke und mehr Nahrung: An Biberdämmen halten sich viel mehr Insekten auf als in der offenen Wasserfläche.

Vielleicht kommen dann auch noch Wasseramseln dazu, die sind besonders gerne an flach überströmten Kies- und Schotterbänken auf der Jagd nach Insektenlarven und für ihre Nester suchen sie sich eine Nische, wie z. B. in Totholzhaufen und unter Uferabbrüchen. Und dann siedeln sich bestimmt noch viel mehr verschiedene Tierarten am Elsbach an, ich freu mich schon darauf, die alle mit dem Fernglas zu beobachten.

Lennarts Experimente

Wie wird Wasser wieder sauber?

Da unser Trinkwasser hauptsächlich aus dem Grundwasser gewonnen wird, habe ich mich gefragt, wie das so sauber werden kann, dass wir es trinken können. Wenn das Regenwasser im Boden versickert, kann es doch ganz schön dreckig sein, denk nur mal an eine Schlammpütze! Das wollte ich mal selbst ausprobieren und habe einen kleines Wasser-Reinigungs-Experiment aufgebaut:

Du brauchst:

- eine 1,5 Liter Plastikflasche (durchsichtig)
- einen Trichter
- zwei große Gläser
- Eimer
- Erde, Gras, Blätter, kleine Äste
- feiner Sand (gesiebt)
- grober Sand
- zwei Handvoll Kieselsteine
- eine Handvoll Grillkohle
- Kaffeefilter

Und so geht's:

1. Erst mal musst du Dreckwasser anrühren: Vermische Erde aus dem Garten oder aus dem Wald mit kleinen Ästchen, Gras, Steinchen und abgestorbenen Blättern in einem Eimer mit Wasser.
2. Schneide den Boden der Plastikflasche mit einem Messer ab, lass dir dabei von einem Erwachsenen helfen.
3. Dreh die Flasche nun so, dass die kleine Öffnung nach unten zeigt. Falte den Kaffeefilter auf und schiebe ihn ganz nach unten.
4. Leg den Trichter oben in die große Öffnung und fülle den gesiebten Sand hinein. Der Trichter verhindert, dass der Sand neben dem Filter landet.

5. Fülle dann die Grillkohle hinein – natürlich ohne den Trichter ;-)

6. Jetzt kannst du eine Schicht groben Sand in die Flasche füllen.

7. Als Letztes legst du die Kieselsteine oben auf den groben Sand.

8. Rühr noch mal durch dein Schmutzwasser und gieße es langsam in die Flasche. Fang das Wasser mit einem Glas auf.

9. Gieße auch etwas von dem Schmutzwasser direkt in das zweite Glas.

10. Jetzt kannst du das Wasser in beiden Gläsern vergleichen.

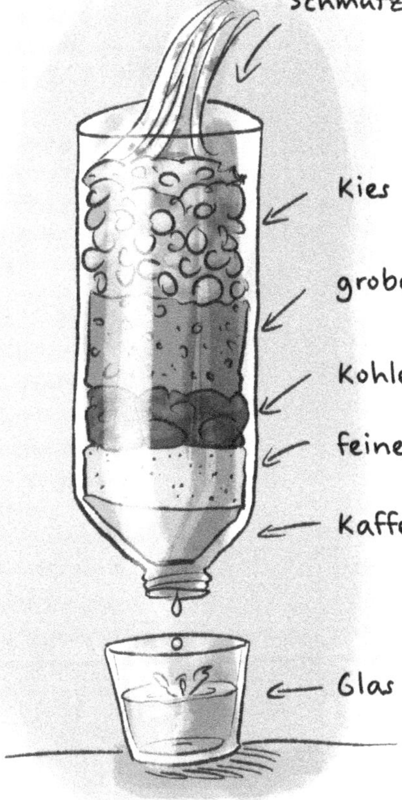

Was passiert?

Wenn die Regentropfen auf den Boden prasseln, versickern sie in der Erde und fließen dann durch verschiedene Gesteins- und Sandschichten, die das Wasser filtern, bis es dann schließlich in den Hohlräumen unter der Erdoberfläche landet, wo sich das Grundwasser sammelt. Das Wasser versickert praktisch so lange in die Tiefe, bis es auf eine wasserundurchlässige Schicht trifft. Und wie bei einem Sieb bleiben auf dem Weg durch die verschiedenen Schichten immer mehr Teilchen hängen, sodass das Wasser immer sauberer wird.

Die Autorinnen:

Andrea Poßberg studierte in Düsseldorf Geografie, Soziologie und Politikwissenschaften (M.A.), wodurch es sie bis nach Sibirien verschlug. Sie mag Strand und Meer, am liebsten mit großen Wellen. Mit Mann und drei Kindern lebt sie in Grevenbroich, wo sie ihren Minigarten in ein Bienenparadies verwandelt hat. In ihrer Freizeit radelt sie oft mit dem Fahrrad durch den Wald und natürlich liest und schreibt sie supergerne.

Corinna Böckmann wollte eigentlich Meeresbiologin oder Archäologin werden. Doch stattdessen wurde sie Grafikerin und arbeitete für verschiedene Agenturen. Heute ist neben dem Schreiben auch das Illustrieren von Kinderbüchern ihre große Leidenschaft. Sie wohnt mit ihrer Familie und einem wuscheligen Pudel in der Nähe von Köln.

DIE GRÜNEN PIRATEN

Löst mit den Grünen Piraten weitere spannende Fälle!

Die Grünen Piraten – so nennen sich die Freunde Pauline, Ben, Flora, Lennart und Jannik. Da, wo sie zum Schutz der Umwelt eingreifen, bleibt als Zeichen der grüne Totenkopf zurück. Bei ihren heimlichen Einsätzen kommen sie immer wieder in brenzlige Situationen. Zum Glück gibt es da noch Miranda, die auf einem Hausboot lebt und für jedes Abenteuer zu haben ist …

ISBN 978-3-96594-148-9

Die Grünen Piraten – Jagd auf die Müllmafia

Müllsammelaktion in Bieberheim: Dass so viel Müll im Stadtpark liegt, hätten die fünf Freunde nicht gedacht. Doch zum Glück haben die Grünen Piraten eine Idee, die ganz Bieberheim wachrüttelt! Und nebenbei kommen sie auch noch einem Verbrecher auf die Spur, der ein ganzes Naturschutzgebiet vergiftet – gleich zwei Fälle für die Grünen Piraten!

Alle Bände mit vielen Sachinfos, Mitmachtipps und Experimenten zum jeweiligen Umweltthema

jeweils 144 Seiten, mit s/w-Illustrationen, gebunden, 14,– €, **ab 8 Jahre**

● **Lesepunkte bei Antolin sammeln!**

ISBN 978-3-96594-150-2

Die Grünen Piraten – Krumme Tour auf dem Hühnerhof

Zufällig geraten Ben und Flora in den Stall des Hühnerhofs „Hühnerparadies". Hunderte von Hühnern drängen sich hier auf engstem Raum. Die Grünen Piraten sind entsetzt und wollen etwas dagegen unternehmen: Sie bauen ein Protestmobil und demonstrieren vor dem Supermarkt in der Fußgängerzone gegen die beengte Hühnerhaltung. Doch dann wird das Protestmobil gestohlen und sämtliche Bioeier verschwinden aus den Regalen des Supermarkts. Was geht hier vor? Und wer steckt dahinter? Die Grünen Piraten nehmen die Spur auf ...

ISBN 978-3-96594-149-6

Die Grünen Piraten – Alarm auf der Robbenstation

Endlich Ferien an der Nordsee – Sonne, Strand und Muscheln sammeln! Aber schon kurz nach ihrer Ankunft stoßen die fünf Freunde auf das durchwühlte Fischerhaus eines Journalisten. Und auch in der Robbenstation gehen merkwürdige Dinge vor sich: Im Wasser des Heulerbeckens schwimmen plötzlich Abfälle und die Stromversorgung bricht zusammen! Zufall? Die Grünen Piraten wittern einen neuen Fall ...

ISBN 978-3-96594-154-0

Die Grünen Piraten – Plastikplage im Biebersee

Im Biebersee wurde ein Monster gesichtet, doch auf einem Tauchausflug entdecken Ben, Flora, Pauline, Lennart und Jannik etwas viel Schlimmeres: Ein riesiges Gebilde aus Plastiktüten geistert durchs Wasser. Nur mit Mühe können die Freunde eine Ente befreien, die sich in den Schnüren verheddert hat. Die Grünen Piraten sind entsetzt. Wie kommt das ganze Plastik in den Biebersee? Der Umwelt-Wettbewerb, den Bürgermeister Klotzmeier ausruft, um sein ramponiertes Image aufzupolieren, kommt den Grünen Piraten gerade recht, um verdeckte Ermittlungen anzustellen ...

ISBN 978-3-96594-138-0

Die Grünen Piraten – Wale in Not

Was für ein Glück für die Grünen Piraten: Ben, Flora, Pauline, Jannik und Lennart dürfen ihre Freundin Miranda auf ein Forschungsschiff in der Ostsee begleiten. Henk van Doorn, der dort das Verhalten der Schweinswale studiert, braucht eine Chemikerin an Bord. Doch dann geraten die Schweinswale in Gefahr: herrenlose Fischernetze werden zur tödlichen Falle. Und plötzlich verschwindet auch noch einer der Schweinswale vom Radar – die Grünen Piraten machen sich auf die Suche und kommen einem gefährlichen Komplott auf die Spur ...